# Balsam
## für die
# Seele

*Norbert Lechleitner*

# Balsam
## für die
# Seele

*201 überraschende
Weisheitsgeschichten,
die jeden Tag
ein wenig
glücklicher machen.*

**HERDER**

FREIBURG · BASEL · WIEN

*Diese 201 Weisheitsgeschichten sind eine Zusammenführung
aller Texte aus den beiden Erstausgaben „Balsam für die Seele"
und „Lächeln für die Seele", erschienen im Verlag Herder,
Freiburg im Breisgau 1998/2000.*

2. Auflage

© Verlag Herder Freiburg im Breisgau 2007
Alle Rechte vorbehalten
www.herder.de
Satz: Layoutsatz Kendlinger
Herstellung: Freiburger Graphische Betriebe 2009
www.fgb.de
Gedruckt auf umweltfreundlichem, chlorfrei gebleichtem Papier
Printed in Germany

ISBN 987-3-451-29586-7

# *Inhalt*

## *I. Wer bin ich*

1. Selbsterkenntnis — 11
2. Eitelkeit — 12
3. Bedeutung — 13
4. Erkenntnis — 16
5. Stille — 18
6. Vorbild — 19
7. Ungeduld — 20

## *II. Worauf es ankommt*

8. Anders als erhofft — 21
9. Einsicht — 22
10. Überlistet — 23
11. Am Ziel — 25
12. Folgenreich — 27
13. Wendung — 30
14. Naheliegend — 32
15. Wild entschlossen — 33
16. Voreingenommen — 34
17. Radikalkur — 35
18. Verspekuliert — 37
19. Festgefahren — 39
20. Zeitlos — 42
21. Erträglich — 44
22. Kleinmütig — 45
23. Besserwisser — 47
24. Unbelastet — 48
25. Natürlich — 49
26. Dosierung — 50
27. Auslegung — 51
28. Entdeckerfreude — 52
29. Knapp entkommen — 54
30. Fortschritt — 56
31. Achtsam — 58
32. Chance — 59
33. Guter Rat — 60
34. Unterschied — 61
35. Fixiert — 62
36. Berechnung — 63
37. Vergänglich — 64
38. Auskosten — 65
39. Durchreise — 67
40. Ewige Wahrheit — 68
41. Aufbau des Herzens — 70
42. Geschenkt — 71
43. Befreiung — 72
44. Zustände — 73
45. Freiheit — 74
46. Glück gehabt — 75
47. Vorsätzlich — 76
48. Einfaches Mittel — 77
49. Alles da — 78

## III. Wie Leben gelingt

50. Ahnungslos — 79
51. Anstoß — 80
52. Alles nur Übung — 82
53. Erholsamer Schlaf — 84
54. Geheimnis — 85
55. Schäfer und Schafe — 88
56. Zielstrebig — 90
57. Erleuchtung — 91
58. Durchhalten — 93
59. Enthaltsam — 95
60. Schutzwall — 96

## IV. Wege zu dir

61. Nutznießer — 97
62. Gut gemeint — 98
63. Halbe-halbe — 99
64. Der Weg des Wortes — 101
65. Bruderliebe — 104
66. Siegerinnen — 106
67. Die rechte Würze — 107
68. Freundlichkeit — 109
69. Der Brückenbauer — 110
70. Vorausschauend — 111
71. Netzwerk — 113
72. Ebenbild — 114
73. Versöhnlich — 115
74. Urlaubserinnerung — 116
75. Großherzig — 117
76. Egoismus — 118
77. Übereifer — 119
78. Profit — 120
79. Ein Tropfen Liebe — 121
80. Wahrnehmung — 122
81. Alle oder keiner — 123
82. Vorbelastet — 124
83. Verdacht — 125
84. Untauglich — 126
85. Umgang — 127
86. Vertrauen — 128
87. Weltverbesserer — 129
88. Rechtfertigung — 131
89. Einleuchtend — 132

## V. Was uns Hoffnung gibt

90. Zuversicht — 133
91. Annäherung — 135
92. Affenschande — 136
93. Lebensspanne — 137
94. Entschieden — 139
95. Zur Sicherheit — 140
96. Erhellend — 141
97. Zutraulich — 143
98. Überfordert — 144
99. Lohnend — 145
100. Gott gibt — 146
101. Lebensglück — 148

## VI. Aus dem Leben lernen

| | | |
|---|---|---|
| 102. Ursache | 149 |
| 103. Offensichtlich | 151 |
| 104. Tragweite | 152 |
| 105. Initiative | 153 |
| 106. Rücksicht | 155 |
| 107. Schuldfrage | 156 |
| 108. Gerechtigkeit | 157 |
| 109. Sprachlos | 159 |
| 110. Augenblick | 160 |
| 111. Geheimnis | 161 |
| 112. Gelassen | 163 |
| 113. Verzicht | 164 |
| 114. Einladung | 165 |
| 115. Stumme Zwiesprache | 166 |
| 116. Entscheidung | 168 |
| 117. Rollentausch | 169 |
| 118. Wissen ist Macht | 171 |
| 119. Äußerlich | 173 |
| 120. Überführt | 175 |
| 121. Selbständig | 179 |
| 122. Abkürzung | 180 |
| 123. Gleiches Recht | 181 |
| 124. Vollenden | 182 |
| 125. Verlangen | 184 |
| 126. Gleichgewicht | 185 |
| 127. Ausweg | 186 |

## VII. Das Glück zu geben

| | | |
|---|---|---|
| 128. Gastlich | 187 |
| 129. Selbsterkenntnis | 189 |
| 130. Relation | 190 |
| 131. Entscheidend | 194 |
| 132. Ausgeglichen | 196 |
| 133. Großherzig | 198 |
| 134. Gerechtfertigt | 200 |

## VIII. Schlüssel zur Weisheit

| | | |
|---|---|---|
| 135. Blickwinkel | 201 |
| 136. Notgedrungen | 203 |
| 137. Gleichmütig | 204 |
| 138. Gehalt | 205 |
| 139. Gottvertrauen | 206 |
| 140. Wert | 207 |
| 141. Tausch | 210 |
| 142. Blüte | 211 |
| 143. Versenkung | 212 |
| 144. Unterschied | 214 |
| 145. Wichtig | 215 |
| 146. Belastend | 216 |
| 147. Standpunkte | 217 |
| 148. Wahrheit | 218 |

| | | | |
|---|---|---|---|
| 149. Vorsätze | 219 | 173. Alternative | 249 |
| 150. Kleidsam | 220 | 174. Beweis | 251 |
| 151. Größe | 221 | 175. Vorsehung | 252 |
| 152. Selbstredend | 222 | 176. Einleuchtend | 254 |
| 153. Reue | 223 | 177. Frist | 255 |
| 154. Äußerlichkeit | 224 | 178. Plausibel | 256 |
| 155. Befriedigung | 226 | 179. Kurzsichtig | 257 |
| 156. Der Weg | 227 | 180. Anstand | 258 |
| 157. Schritt | 230 | 181. Vorrang | 260 |
| 158. Bedeutung | 231 | 182. Nicht bewußt | 261 |
| 159. Verstehen | 232 | 183. Wärme | 262 |
| 160. Finden | 233 | 184. Interpretation | 265 |
| 161. Selbstbewußt | 234 | 185. Mehr Leistung | 266 |
| 162. Bedürftig | 235 | 186. Logisch | 268 |
| 163. Barriere | 236 | 187. Zuvorkommend | 269 |
| | | 188. Versperrt | 270 |
| | | 189. Lebenswichtig | 271 |

## IX. Ein Lächeln für die Seele

| | | | |
|---|---|---|---|
| | | 190. Erlebnis | 272 |
| | | 191. Dankbarkeit | 273 |
| | | 192. Durchdrungen | 274 |
| 164. Gute Gedanken | 237 | 193. Vorwurf | 275 |
| 165. Sparsam | 238 | 194. Prinzip | 276 |
| 166. Unentschieden | 239 | 195. Flexibel | 277 |
| 167. Falsch gepolt | 241 | 196. Natürlicher Schwund | 278 |
| 168. Erhört | 242 | 197. Sangeslust | 280 |
| 169. Strategie | 244 | 198. Willkommen | 282 |
| 170. Angepaßt | 246 | 199. Selbstsicher | 283 |
| 171. Gewonnen | 247 | 200. Wunder | 284 |
| 172. Auslegung | 248 | 201. Überbrücken | 285 |

## *Ein Wort zuvor*

„Wenn das Glück an deine Türe klopft, dann öffne!" sagt das Sprichwort. „Warum aber soll das Glück sich die Mühe machen, vor einer verschlossenen Türe um Einlaß zu bitten?" fragt der Weise.

Wir alle wünschen, daß das Glück auch bei uns anklopfen möge. Doch die Türen unseres Herzens und die Fenster unserer Seele halten wir gut verschlossen. Meist würde schon ein neuer Gedanke genügen, uns glücklicher zu machen. Die weisen Lehrer im alten Indien wußten, daß nicht alle Menschen sich einer fremden Idee leicht öffnen können; einer Geschichte aber kann sich keiner entziehen. Sie haben darum Geschichten erdacht, die den Menschen helfen, ihre Ängste zu überwinden und sich dem Glück zu öffnen. Ihre Geschichten waren bald nicht nur in ihrer Kultur beliebt, sondern gelangten nach Persien, wurden ins Arabische übertragen, dann ins Hebräische und Lateinische und verbreiteten sich durch die Jahrhunderte, bereichert um die Erkenntnisse anderer Kulturen, über die ganze Welt.

Kleine Kostbarkeiten aus allen Traditionen, Religionen und Zeiten sind darum hier versammelt: Geschichten, Fabeln, Parabeln, Gleichnisse und Anekdoten, die uns wach machen für die Wahrheit. Fast immer schließen sie mit einer überraschenden Pointe, welche die Gedanken des Lesers anregt, die festen Denkstrukturen seines Alltags zu öffnen und die Wahrheit anzunehmen. Und da wir heute nicht weiser geboren werden als die Menschen früherer Zeiten, Egoismus, Erkenntnismangel und Ängste immer noch Teile unseres Lebens sind, sind die Weisheit und die Wirkkraft dieser Geschichten unvergänglich.

Weisheitsgeschichten sind magische Geschichten. Sie können helfen und heilen. Sie sind Balsam für die Seele, die sich sehnt nach Geborgenheit, Glück und Harmonie.

*Norbert Lechleitner*

# I. Wer bin ich

## 1. Selbsterkenntnis

Ein Vater hatte zwei Kinder: eine Tochter, die recht wenig attraktiv war, und einen Sohn, der ein Vorbild an Schönheit war. Einst sahen die Kinder beim Spielen ihre Gesichter im Spiegel, der auf dem Tischchen ihrer Mutter stand.

Dem Jungen gefiel sein Anblick sehr wohl, und plötzlich eitel geworden, lobte er seine Schönheit und kränkte seine Schwester durch verächtlichen Spott.

Weinend lief sie zum Vater und beklagte sich bitterlich über den Bruder. „Er will ein Mann sein, doch spreizt er sich vor dem Spiegel wie ein Pfau!"

Da nahm der Vater seine beiden Kinder in die Arme, küßte sie mit gleicher Zärtlichkeit und ermahnte sie: „Schaut beide täglich in den Spiegel: Du, damit du darin siehst, daß kein Laster deine Schönheit schände, und du, daß Heiterkeit und Tugend deine Züge überstrahle."

## 2. *Eitelkeit*

Zu der Zeit, als die Götter noch unter den Menschen weilten, reizte es den Götterboten Hermes zu erfahren, in welchem Ansehen er bei den Menschen stehe.

Darum ging er eines Tages in Menschengestalt in die Werkstatt eines berühmten Bildhauers. Dort erblickte er eine herrliche Bildsäule des Zeus. Er fragte den Meister, wieviel sie koste. Als jener erwiderte: „Eine Drachme!" lachte Hermes und fragte: „Wie teuer ist Hera?" Der Bildhauer erwiderte, die koste schon deutlich mehr.

Da sah Hermes auch sein eigenes Standbild, und weil er glaubte, daß er als Bote der Götter und Bringer des Glücks bei den Menschen in besonders hohem Ansehen stehe, fragte er auch hier nach dem Preis. Da sagte der Bildhauer: „Wenn du die beiden anderen kaufst, bekommst du den als Zugabe obendrein!"

## 3. Bedeutung

Der Bürgermeister eines Dorfes war ein reicher und gerechter Mann von stattlicher Größe. Seit vielen Generationen ging aus seiner Familie der Bürgermeister hervor, und weil vielleicht einer seiner Vorfahren einen kahlen Kopf gehabt hatte, war seine Sippe als „König Kahlbaum" bekannt.

Der Bürgermeister lebte ruhig und zufrieden in seinem Heimatdorf. Eines Tages, als seine junge Frau auf dem Markt beim Einkaufen war, hörte sie hinter ihrem Rücken zwei Nachbarinnen schwatzen: „Vielleicht hat er ja eine gute Hausfrau", sagte gerade die eine Nachbarin, „aber ein ‚kahler Baum' wird niemals grün!" „Ja, ja, nomen est omen", erwiderte lachend die andere Nachbarin, und kichernd übertrafen sie sich mit lästerlichen Bemerkungen.

Mit hochrotem Kopf eilte die Frau nach Hause und verließ nicht mehr ihr Zimmer. Nach einiger Zeit erkundigte sich ihr Mann nach ihrem Befinden, da sie sich nicht mehr sehen lasse und auch kein Wort mit ihm gewechselt habe. „Ich will nicht mehr mit dir sprechen, bis du deinen Namen geändert hast. Der Name ist häßlich und schändlich, und die Leute machen Witze darüber. Mit einem solchen Namen will ich nicht länger leben!"

„Wegen einer solchen Kleinigkeit ein so großer Kummer", sagte der Bürgermeister. „Seit wann ist es von Bedeutung, wie einer heißt? Wichtig ist doch nur, was er tut."

„Du kannst sagen, was du willst. Ich komme erst wieder aus meinem Zimmer, wenn du deinen Namen ändern läßt!"

„Warum soll ich mir einen künstlichen Namen zulegen? Was natürlich ist, ist auch schön. Künstlichkeit macht nichts schöner, sie ist nur eine Vorspiegelung, ein aufgesetztes Etwas, ein falscher Schein."

Doch alle diese Argumente überzeugten seine Frau nicht. Sie blieb hartnäckig, und schließlich willigte ihr Mann ein, daß sie sich zusammen auf die Suche nach einem neuen Namen begeben würden.

Nachdem sie schon einige Städte auf der Suche nach einem schönen Namen erfolglos durchstreift hatten, kamen sie in eine Stadt, da trug man gerade einen Toten zum Tor hinaus. Viele Leute gaben ihm das Geleit, und vorneweg lief einer, der ausrief: „Sein großer Name bezeugt die Wahrheit! ..." Da nahm König Kahlbaum einen aus dem Gefolge zur Seite und fragte ihn: „Sag mir, wie ist denn der Name des Toten?" – „‚Unsterblicher Held' ist sein erlauchter Name", erwiderte der Fremde. Da lachte König Kahlbaum, und auch seine Frau mußte schmunzeln.

In einer anderen Stadt trafen sie auf einen Bettler, der sie anflehte: „Gebt mir ein Almosen!" „Wir geben dir gerne", sagte der Bürgermeister, „doch verrate uns zuerst deinen Namen." – „Meine gute Mutter hat mir den Namen ‚Reicher Mann' gegeben."

Verwundert gingen sie weiter und kamen in ein Dorf, da trieb ein Mann eine stattliche Kuh an ihnen vorbei. Die Frau fragte ihn: „Fremder, wie heißt du?" – „Meine gute Mutter gab mir den schönen Namen ‚Gütiger Herr'", erwiderte der Mann. „Und was machst du?" fragte die Frau neugierig weiter. – „Ich bin Schlächter", sagte der Fremde.

Als König Kahlbaum und seine nachdenkliche Gattin wieder zu Hause waren, sagte der Bürgermeister: „Nun haben wir drei schöne Namen gefunden. Suche dir einen aus, den du annehmen willst. Ich bin mit allen Namen einverstanden, wenn du mir nur nicht mehr gram bist."

Da sagte seine Frau: „Unsterblicher Held ist gestorben; Reicher Mann geht betteln; Gütiger Herr schlägt Tiere tot. Du bist König Kahlbaum – und das ist gut so und soll auch so bleiben. Denn ich habe eingesehen, daß es nicht darauf ankommt, wie einer heißt, sondern darauf, was einer tut."

## 4. *Erkenntnis*

*E*in Minister war durch die Intrigen seiner Neider nach vielen Jahren treuen Dienstes bei seinem König in Ungnade gefallen. Es brach ihm fast das Herz, all die Jahre seines aufopfernden Lebens so schändlich verraten zu sehen. Doch der Herrscher war blind in seinem Zorn und schickte den Minister in die Verbannung, nachdem er alle seine Güter eingezogen hatte. Arm und mit Schande bedeckt verließ der Minister seine Heimat.

Ziellos wanderte er umher, bis er eines Tages unendlich müde und halb verhungert Herberge in einem Kloster fand. Als er durch die Fürsorge der Brüder und Mönche allmählich wieder zu Kräften kam, bemerkte er die Ruhe der Umgebung und die heitere Gelassenheit der Bewohner im Umgang mit einander. In ihm reifte der Entschluß, der Welt mit ihrem unsteten Glück und lauten Treiben zu entsagen und bat um Aufnahme in den Orden. Mit der Zeit lernte der Minister, den Sinn seines Lebens in ganz anderen Dimensionen zu finden, als er jemals zuvor geahnt hatte. Er, ehemaliger Würdenträger seines Landes, für den der Umgang mit den Großen und Mächtigen alltäglich und selbstverständlich gewesen war, lernte die Unwichtigkeit solcher Äußerlichkeiten zu erkennen und die Beständigkeit seines inneren Friedens dafür um so höher zu schätzen.

Am Hofe des Königs war inzwischen das Komplott gegen den ehemaligen Minister aufgedeckt und zerschlagen worden. Der König bereute seine jähzornige Entscheidung und seinen Vertrauensmangel gegen den ehemaligen Minister sehr, denn angesichts des aufgedeckten Ränkespiels an seinem Hofe wußte er nun leider zu spät, die Loyalität seines früheren Ministers zu schätzen. Er schickte Boten aus und ließ überall nach ihm suchen. Als er nach einiger Zeit in einem Kloster ausfindig gemacht wurde, ließ er ausrichten, daß er ihn in seine früheren Würden als Minister wieder einsetzen und ihn für alle erlittene Schmach und Unbill reich entschädigen wolle.

Der Minister schickte dem Herrscher ein einfaches Blatt Papier, auf dem ein kleiner Vers zu lesen stand: „Frei bin ich von der Last der Welt. Mich lockt nicht länger Ruhm noch Geld. – Wer wie ich mit sich selbst im reinen ist und seinen Frieden gefunden hat, verliert nichts, wenn er auf Neid und Intrigen, auf Hasten und Lasten der lauten Welt verzichtet."

Der König hatte wohl nicht mit einer Ablehnung gerechnet, dennoch konnte er sich seine Achtung vor der Entscheidung dieses Mannes nicht versagen; ja, er stieg sogar noch in seiner Bewunderung und erkannte, wie wichtig es wäre, einen solch integeren Menschen in seiner Nähe zu wissen. So entschloß sich der König, seinen ehemaligen Minister selbst aufzusuchen, um ihn persönlich um Vergebung zu bitten und zur Rückkehr zu bewegen.

Der König sprach lange mit dem Minister, auch darüber, wie sehr ihn der Inhalt seines Schreibens bewegt hätte, und meinte, daß er genau dieser Weisheit in seiner Nähe und bei seinen Amtsgeschäften bedürfe, um die richtigen Entscheidungen zu treffen und in rechter Weise zu herrschen.

„Majestät", erwiderte da der ehemalige Minister, „es ist aber gerade das Wesen solcher Weisheit, das sich dazu nicht hergeben will!"

## 5. Stille

Ein Mönch hatte sich in die Einsamkeit zurückgezogen, um in der Abgeschiedenheit vom lärmenden Leben seine Zeit der Meditation und dem Gebet widmen zu können.
Einmal kam ein Wanderer zu seiner Einsiedelei und bat ihn um etwas Wasser. Der Mönch ging mit ihm zur Zisterne, um das Wasser zu schöpfen. Dankbar trank der Fremde, und etwas vertrauter geworden bat er den Mönch, ihm eine Frage stellen zu dürfen: „Sag mir, welchen Sinn siehst du in deinem Leben in der Stille?"

Der Mönch wies mit einer Geste auf das Wasser der Zisterne und sagte: „Schau auf das Wasser! Was siehst du?"

Der Wanderer schaute tief in die Zisterne, dann hob er den Kopf und sagte: „Ich sehe nichts."

Nach einer kleinen Weile forderte der Mönch ihn abermals auf: „Schau auf das Wasser der Zisterne. Was siehst du jetzt?" Noch einmal blickte der Fremde auf das Wasser und antwortete: „Jetzt sehe ich mich selber!"

„Damit ist deine Frage beantwortet", erklärte der Mönch. „Als du zum ersten Mal in die Zisterne schautest, war das Wasser vom Schöpfen unruhig, und du konntest nichts erkennen. Jetzt ist das Wasser ruhig – und das ist die Erfahrung der Stille: Man sieht sich selber!"

## 6. Vorbild

Ein junger Mann hielt sich für Frauen einfach unwiderstehlich.

Ständig war er darauf aus, diese Selbsteinschätzung auch bestätigt zu bekommen. Seine Überheblichkeit bewirkte allerdings, daß er kaum einer jungen Frau freundlich begegnetete. Er ging vielmehr davon aus, daß seine „coole Anmache" genau das richtige sei, damit die Frauen auf ihn fliegen.

Einmal fiel ihm eine wirklich attraktive junge Frau auf, und er sprach sie auf die ihm eigene Art an. Sie aber hob kaum die Augen, zeigte ihm die kalte Schulter und verließ seine Nähe. Der Mann hielt das nur für Taktik und eilte hinter ihr her. Von Zeit zu Zeit drehte sich die Frau um, ging aber nicht schneller, bog dann in eine Seitenstraße ein und betrat das Atelier eines Malers.

„So wie dieser leibt und lebt", hörte der Verfolger die junge Frau noch eben sagen, die es jetzt plötzlich eilig hatte und verschwand.

Ziemlich verdattert fragte er den Maler, was das denn alles zu bedeuten habe, und der erklärte: „Diese Frau hat vor wenigen Stunden ein Bild des Teufels bei mir bestellt. Ich sagte, das sei kein leichter Auftrag, da ich noch nie einen gesehen habe. Sie versprach, wiederzukommen und ihn mir zu zeigen. Sie hat Wort gehalten."

## 7. *Ungeduld*

Ein Schüler beklagte sich beim Meister: „Nun meditiere ich schon seit vielen Jahren, doch noch immer habe ich nicht die Erleuchtung erlangt. Sage mir, was muß ich tun."

Der Meister gab dem Schüler einen kleinen Korb, der mit einem Deckel verschlossen war. „Gehe zu dem Berg jenseits des Flusses. Dort lebt ein heiliger Mann. Gib ihm dieses Körbchen und behalte alles, was er dir sagen wird."

Der Schüler war schon einige Stunden unterwegs, und der Berg war noch weit entfernt. Da erwachte in ihm die Neugier, wissen zu wollen, was er dem Heiligen wohl bringen solle. Er hob den Deckel, und heraus sprang eine Maus und verschwand.

Als er mit leerem Korb zu der Einsiedelei des heiligen Mannes kam, fragte der ihn: „Du versuchst, Erleuchtung zu erlangen. Dein Meister sah deine Ungeduld und gab dir eine Maus. Wenn du aber noch nicht einmal ein Mäuslein bewahren kannst, wie willst du da die Erleuchtung bewahren?"

## II. Worauf es ankommt

### 8. Anders als erhofft

*E*in Bauer fühlte, daß seine Zeit gekommen war. Er hatte nur den einen Wunsch, daß seine Söhne die Arbeit in der Landwirtschaft auch in der nächsten Generation fortführen möchten. Darum rief er sie zu sich und sagte zu ihnen: „Kinder, ich scheide bald aus dem Leben. Ihr aber werdet, wenn ihr nur gründlich sucht, Reichtum in unserem Weinberg finden."

Die Söhne meinten, daß er dort einen großen Schatz versteckt habe und gruben nach dem Tode ihres Vaters den ganzen Weinberg um und um. Sie fanden natürlich nicht den gesuchten Schatz, doch der Weinberg war nun so gründlich umgegraben, daß er ihnen Früchte in Fülle brachte.

## 9. Einsicht

Ein Schäfer weidete seine Herde am Ufer des Meeres. Wie er das Meer so spiegelglatt und ruhig vor sich sah, kam ihm der Gedanke, sein Schäferhandwerk aufzugeben und zukünftig Seehandel zu betreiben. Er verkaufte seine Schafe, erwarb dafür eine Schiffsladung Datteln und fuhr aufs Meer hinaus, fernen Häfen zu.

Unterwegs erhob sich jedoch ein mächtiger Sturm. Aus größter Seenot konnte er sich nur dadurch retten, daß er sein Schiff leichter machte und die Ladung über Bord warf. Nur knapp dem Tode entronnen wurde er wieder Schäfer.

Einige Zeit später grasten seine Schafe wieder am Ufer des Meeres. Da kam ein Wanderer vorbei und bewunderte die Schönheit und Stille des Wassers. Da sagte der Schäfer zu ihm: „Ja, jetzt zeigt es sich still – wahrscheinlich hat es wieder Lust auf Datteln."

## 10. Überlistet

Ein Mann, der ziemlich ängstlich war, ging alleine seines Weges. Da schien es ihm plötzlich, als wenn er verfolgt würde. Vielleicht ein Dieb, ein Mörder, ging es ihm durch den Sinn. Rasch drehte er sich um, aber er sah niemanden, nur seinen eigenen Schatten, der ihm förmlich an den Fersen klebte. „Halt, wer bist du?" rief er seinen Schatten an; doch der antwortete nicht. Da lief der Mann schneller, weil er glaubte, seinem Verfolger so entkommen zu können. Doch als er sich wieder umdrehte, war der schwarze Schatten immer noch hinter ihm her.

„Was willst du von mir?" schrie er ärgerlich und hob die Hand, um den Verfolger abzuwehren. Doch auch der Schatten hob die Hand, und dem Manne schien es, als verlange er seinen Hut. „Besser ohne Hut, als ohne Leben!" dachte der Mann. Er warf dem Schatten seinen Hut zu und ging weiter.

Nach einiger Zeit wurde er unruhig. Er blickte hinter sich und sah, daß der schwarze Verfolger ihm immer noch dicht auf den Fersen war. Da wurde der Mann wütend und hob die Hand wie zum Schlag. Der Schatten tat es ihm gleich, und der Mann hatte den Eindruck, daß der stumme Verfolger auf sein Hemd zeige. „Besser ohne Hemd, als ohne Leben!" dachte der Mann und warf dem Schatten sein Hemd zu. „Jetzt sei aber zufrieden und laß mich in Ruhe!" rief der Mann und eilte weiter.

Er glaubte schon, das Unglück von sich gewendet zu haben, doch an der nächsten Biegung sah er seinen Schatten wieder. Jetzt erfaßten ihn Zorn und Verzweiflung. Er hatte doch außer seiner Hose nichts mehr am Leibe. Nein, keinen

Schritt wollte er weitergehen, was auch immer sein Peiniger mit ihm anzustellen gedachte. Die Hose wollte er ihm nicht geben, denn ohne Hose konnte er sich nirgends mehr blicken lassen; und mit Hose wurde er von seinem Verfolger bedrängt. Da setzte er sich auf einen Stein am Wegrand und begann, laut zu klagen und zu jammern.

Nach einiger Zeit kam ein mitleidiger und kluger Mann vorbei und fragte ihn nach dem Grund seines Kummers. Der Dummkopf wies auf seinen Schatten und erklärte: „Der verfolgt mich. Ich gab ihm schon meinen Hut und mein Hemd, doch jetzt will er auch noch meine Hose."

Doch der kluge Mann tröstete ihn: „Beachte ihn gar nicht. Mach dir keine Sorgen, und habe nur etwas Geduld. Bleibe einfach hier sitzen. Gegen Abend wird ihm die Lust vergehen, dich länger zu belästigen, und er wird ganz von alleine verschwinden."

Dankbar für den klugen Rat blieb der Dummkopf noch stundenlang dort sitzen und rührte sich nicht von der Stelle. Endlich kam der Abend, und die Sonne ging unter. Da bemerkte der Dummkopf, daß sein Verfolger sich heimlich davongemacht hatte. Er lobte den klugen Ratgeber und dankte dem Schicksal, daß sein Leben verschont geblieben war.

## 11. Am Ziel

Der Meister sagte: "Wenn man schon keine großen Ziele im Leben hat, so sollte man doch irgend ein kleines Ziel anstreben, und sei es auch noch so dumm." Und er erzählte die Geschichte von dem absolut faulen Manne, der nichts anderes tat, als sich von den Menschen seiner Umgebung aushalten zu lassen.

Das ging solange mehr schlecht als recht, wie seine Frau ihr ererbtes Geld für ihn ausgab. Als jedoch kein Geld mehr im Hause war und sie auch ihren letzten Schmuck verkauft, ja sogar einen Teil der Möbel verpfändet hatte, nahm der Streit kein Ende mehr. Und plötzlich war es auch mit der Bequemlichkeit des Faulpelzes vorbei.

Aus lauter Frustration sagte er darum eines Tages zu seiner Frau: "Wenn du schon unbedingt verlangst, daß ich meinem Leben ein Ziel geben soll, so will ich von heute an erst dann etwas essen, wenn ich unserem Nachbarn, dem Töpfer, persönlich ‚Guten Morgen' gewünscht habe." "Nun gut", sagte seine Frau, "das ist immerhin besser als gar nichts."

Der Faulpelz besuchte von nun an erst jeden Morgen seinen Nachbarn und bekam anschließend etwas zu essen. So verging einige Zeit. Doch eines Tages hatte der Töpfer bereits sein Haus verlassen, um aus einer entfernten Grube neuen Ton zu besorgen, als der verschlafene Faulpelz ihn begrüßen wollte. Da kein Nachbar weit und breit zu sehen war, setzte sich der Faulpelz auf ein Mäuerchen und wartete. Die Zeit verging, aber kein Töpfer ließ sich blicken. Schließlich wurde das Knurren seines Magens so groß, daß er beschloß, dem

Töpfer bis zur Grube nachzugehen. Er wollte ihn dort begrüßen, damit er endlich sein Frühstück bekäme.

Als der Faulpelz zur Grube kam, geschah das gerade zu der Stunde, als der Töpfer mit seiner Schaufel auf einen großen Krug gestoßen war. Prächtige Goldstücke funkelten darin. Der Faulpelz war aber wegen seiner Eile und wegen seines Hungers gar nicht näher gekommen, sondern er hatte den Töpfer nur begrüßt und war dann zurück nach Hause gelaufen. Der Töpfer meinte nun nichts anderes, als das der Faulpelz ihn bei der Obrigkeit wegen seines Goldfundes anzeigen wolle, die dann das Gold sicherlich beschlagnahmen würde. Da lief er eilends hinter dem Faulpelz her und hatte große Mühe, ihn zur Umkehr zu bewegen.

Zur Tongrube zurückgekehrt, zeigte ihm der Töpfer den mit Gold gefüllten Krug: „Da du immer so freundlich zu mir gewesen bist, wollen wir uns den Schatz teilen", bot er dem faulen Nachbarn an.

Als der Faulpelz seiner Frau den neuen Reichtum zeigte, sagte sie zu ihm: „Siehst du nun ein, daß es sich lohnt, im Leben ein Ziel zu haben, und sei es auch noch so klein? Und Freundlichkeit hat ohnehin noch nie geschadet."

## 12. *Folgenreich*

Ein junger Mann fand trotz all seiner Gelehrsamkeit keine Anstellung. Da beschloß er eines Tages, das zu Markte zu tragen, das er mit gutem Gewissen anbieten konnte: seine Klugheit. Er eröffnete im Bazar ein Geschäft, über dessen Eingangstüre in großen Buchstaben zu lesen stand: Klugheit zu verkaufen.

Sein erster Kunde war der Sohn des reichsten Kaufmanns der Stadt. Der fragte ihn, was für eine Klugheit hier angeboten werde und wieviel sie denn koste. „Die Leistung bestimmt den Preis", antwortete der Gelehrte, „es liegt an dir, soviel du ausgeben willst, soviel Klugheit gebe ich dir."

„Nun, dann gib mir Klugheit für einen Dinar", sagte der Kunde.

„Für einen Dinar kannst du hunderttausend sparen", antwortete der Gelehrte, und der Kaufmannssohn gab ihm daraufhin das Geld. Der Gelehrte schrieb ihm dafür seinen klugen Rat auf einen Zettel: „Es ist dumm, neben zwei bedeutenden Menschen zu verweilen, wenn sie sich streiten!"

Der reichste Kaufmann der Stadt war vor allem durch seinen Geiz zu Reichtum gelangt. Er war furchtbar erbost, als sein Sohn ihm den Zettel zeigte und sagte, daß er dafür nur einen Dinar bezahlt habe. Unverzüglich eilte der Reiche zum Gelehrten und verlangte den einen Dinar zurück. Der Gelehrte gab ihm das Geld, ließ sich aber zusagen, daß sein Sohn nie im Leben von dem klugen Rat Gebrauch machen werde.

Einige Zeit darauf stritten sich zwei Dienerinnen der Hauptfrauen des Kalifen vor einem Juweliergeschäft, welcher der beiden Frauen des Herrschers wohl der wunderschöne Armreif zustehe, den sie dort in der Auslage glitzern sahen. „Ich habe ihn zuerst gesehen, deshalb steht er meiner Herrin zu", behauptete die eine Dienerin. „Nein, den Armreif muß meine Herrin bekommen, denn sie ist die erste Frau des Herrschers", verlangte die andere Dienerin. So ging der Streit hin und her, und sie konnten sich nicht einigen. Der Kaufmannssohn, der in der Nähe weilte, war nicht schlecht erschrocken, als beide Frauen sich ihm zuwandten und riefen: „Du bist Zeuge, für das, was hier geschehen ist, und du wirst es vor dem Gericht des Kalifen beschwören müssen!"

Als der Kaufmannssohn seinem Vater das Ereignis berichtet hatte, war beiden klar, daß daraus nichts Gutes entstehen könne. Sie eilten darum zum Händler der Klugheit, baten um Verzeihung, Rat und Hilfe. Für den Preis von fünftausend Dinaren empfahl der Gelehrte, der Kaufmannssohn solle im Zeugenstand den Schwachsinnigen spielen, wenn er mit heiler Haut davonkommen wolle. Der Kaufmannssohn tat wie geheißen, und da er zur Klärung der Beschuldigungen nichts beitragen konnte, befahl der Kalif, die beiden zänkischen Dienerinnen zu bestrafen, denn es war schwierig zu klären, wer von beiden den Streit begonnen hatte.

Die zweite Frau des Herrschers, von ständiger Eifersucht geplagt, war mit der Entscheidung nicht einverstanden und meinte, der Kaufmannssohn habe sich nur verstellt, um nicht Partei nehmen zu müssen. Als der Kaufmann erfuhr, daß die zweite Frau des Kalifen seinem Hause böse gesinnt war, eilte er wieder zum Gelehrten, um seinen Rat für einen Ausweg aus dieser heiklen Situation zu erfragen. Der Gelehrte sagte, diesmal koste sein Rat zehntausend Dinare, und der Kaufmann bezahlte sogleich. Da riet ihm der Händler der Klugheit: „Gehe hin und kaufe den begehrten Armreifen und schenke ihn der zweiten Frau des Kalifen. Das wird nicht nur die Dame glücklich machen, sondern auch dein Haus wird in ihrer Gunst steigen, so daß es dir zum Vorteil gereichen wird."

Da ging der geizige Kaufmann zum Juwelier und kaufte den wertvollen Armreifen für hunderttausend Dinare. Er hatte nun insgesamt sehr viel mehr bezahlt, nur weil er den Ratschlag für einen Dinar ausgeschlagen hatte. Nachdem diese Begebenheit sich herumgesprochen hatte, drängten sich die Ratsuchenden in dem kleinen Laden, in dem Klugheit verkauft wurde.

## 13. Wendung

Ein Dieb war bei Nacht in das Haus eines Buchhalters eingedrungen, der bei einem Geldwechsler arbeitete und wegen seiner guten Stellung im ganzen Bezirk als ein reicher Mann galt. Doch in Wirklichkeit hatten er und seine Frau kaum das Nötigste zum Leben, denn der Geldwechsler war überaus geizig und hartherzig. Suchend stolperte der Dieb in der Dunkelheit herum und wurde wütend, weil er gar nichts Wertvolles finden konnte. Da schlich er zu dem schlafenden Buchhalter, setzte ihm das Messer an die Kehle und rief: „Her mit dem Geld!"
„Aber wir haben doch keinen Pfennig", japste der verzweifelte Mann. Von dem Tumult war auch seine Frau erwacht, die alles mitangehört hatte. „Ist dir etwa dein Geld lieber als dein Leben?" rief sie. „Wenn er hier nichts gefunden hat, kann er alles mitnehmen, was er im nächsten Zimmer findet!"
Kaum hatte der Dieb diese Worte vernommen, eilte er in der Hoffnung auf reiche Beute ins Nebenzimmer. Eben hatte er den leeren und fensterlosen Raum betreten, als hinter ihm die Tür zukrachte und verriegelt wurde. Da tobte und jammerte der Dieb, versprach Schonung und schwor Rache in einem Atemzug. Allmählich wurde er ruhiger und bat, daß sie ihn freilassen mögen, er würde sie auch reich belohnen. Doch die Frau sagte: „Du wirst mit dem Messer auf uns losgehen. Wenn wir dir glauben sollen, schieb erst dein Messer unter der Türe durch." Der Dieb tat wie ihm geheißen und rief: „Jetzt laßt mich aber laufen!"

„Wie kann ich dich laufen lassen, wenn wir diesen Monat noch nichtmals die Miete haben zahlen können?" fragte die Frau.

„Wenn's weiter nichts ist, ich zahle die hundert Taler, aber laßt mich endlich laufen."

„Wie kann ich dich laufen lassen", fragte die Frau, „wenn wir noch zweihundert Taler Schulden bei den Kaufleuten haben?"

„Ich übernehme auch diese Schulden", versprach der Dieb, „aber laßt mich nun endlich frei!"

„Aber unsere Tochter soll nächsten Monat heiraten, wie können wir da die sechshundert Taler für die Hochzeit aufbringen?" klagte die Frau.

„Auch diese sechshundert will ich euch geben, wenn ihr mir die Freiheit wieder gebt", schwor der Dieb.

„Aber wovon sollen wir unserem einzigen Kind das Hochzeitskleid bezahlen, das sicher hundert Taler kosten wird?"

„Ich gebe euch die verwünschten tausend Taler, wenn ihr mich nur endlich freilaßt!" heulte der Dieb.

„Also gut", sagte die Frau, „da du mich so dringend bittest, will ich die tausend Taler gerne von dir annehmen und dich freilassen, sobald ich sie von deiner Frau bekommen habe. Gib mir ein Zeichen von dir, das deine Frau erkennt und mir das versprochene Geld übergibt."

Der Dieb schob seinen Siegelring unter der Türe durch, und die Frau lief gleich fort und kehrte bald um tausend Taler reicher zurück. Sie öffnete die Tür und ließ den Dieb heraus.

„Beehre uns doch bald wieder mit deinem Besuch!" sagte sie spöttisch.

„Erst wenn ich wieder tausend Taler beisammen habe!" rief der Dieb und eilte davon.

## 14. Naheliegend

In südlichen Breitengraden schlief eine Familie im Sommer auf der Dachterrasse, um die kühleren Nachtstunden genießen zu können.

Da sah die Frau des Hauses doch wahrhaftig, daß die wenig gelittene Schwiegertochter sich nahe an ihren geliebten Sohn gekuschelt hatte. Der Anblick versetzte ihr einen Stich. Voller Eifersucht rüttelte sie die beiden wach und rief: „Ach, wie kann man nur in dieser Hitze so eng beieinander liegen; das ist doch ungesund, und morgen früh werdet ihr ganz verkrampft sein!"

In der anderen Ecke der Dachterrasse hatten auch ihre Tochter und der Schwiegersohn ihr Nachtlager gerichtet und schliefen auf Armeslänge voneinander entfernt. Das rührte der Mutter Herz und fürsorglich weckte sie Tochter und Mann und sprach: „Ach, ihr Lieben, rückt ein wenig näher zusammen, ihr könntet euch sonst in der Kühle der Nacht zu leicht erkälten!"

Dies hörte auch die Schwiegertochter, die nach der Störung noch nicht wieder eingeschlafen war. Sie kniete sich hin, hob die Hände zum nächtlichen Sternenhimmel empor und sprach mit ehrfürchtiger Stimme: „Wie groß ist deine Allmacht, mein Gott: ein kleiner Dachgarten und doch zwei Klimazonen!"

## 15. Wild entschlossen

Einem Bauern, der auf dem Markt seine Waren anbot, war der Esel gestohlen worden. Wütend lief er überall herum, suchte seinen Esel, schrie und tobte, verwünschte den Dieb und fluchte mit lauter Stimme: „Der Dreckskerl, der mir meinen Esel geklaut hat, soll ihn sofort zurückbringen!" Und mit zorngeschwellten Adern und rudernden Armen fügte er mit erstickter Stimme hinzu: „Sonst bin ich zum Äußersten entschlossen und sehe mich gezwungen, etwas zu tun, was ich mein Leben lang bereuen werde." Entsetzt wich die Menge ein wenig zurück, und plötzlich – in der Aufregung hatte niemand etwas bemerkt – war der Esel wieder da.

Da atmeten alle erleichtert auf, weil die Sache noch einmal gut ausgegangen war. Angeregt diskutierten die Leute das Ereignis, und jeder gab seine Meinung kund. Nur ein älterer Herr ging auf den Bauern zu und sprach ihn mit den Worten an: „Ich bin froh, daß du deinen Esel zurückbekommen hast und du deine fürchterliche Drohung nicht hast wahrmachen müssen. Sag mir, was wäre das denn gewesen, wenn du hättest zum Äußersten gehen müssen?"

„Ja dann wäre der letzte Ausweg wohl nur gewesen, mir einen neuen Esel zu kaufen. Und nun sag mir, ob ich dies nicht bis an mein Lebensende hätte bereuen müssen, bei dem wenigen Geld, das ich habe?"

## 16. Voreingenommen

Eine Mutter kam mit ihrem Sohn zum Arzt und bat um eine Beratung. "Was fehlt dem Kind denn?" fragte der Arzt. "Herr Doktor, ich weiß mir nicht mehr zu helfen. Mein Sohn hat eine merkwürdige Krankheit: Den ganzen Tag lang ißt er nichts anderes als Schokolade. Wenn ich ihm statt Schokolade ein Wurstbrot oder etwas anderes geben möchte, schreit er wie am Spieß und verlangt Schokolade. Ich bringe ihn nicht dazu, etwas anderes zu essen. Bitte helfen Sie mir, denn so kann das nicht weitergehen."

Da legte der Arzt die Stirn in Falten und bat die Frau, am nächsten Tag mit ihrem Sohn wieder zu ihm zu kommen. Die Frau tat wie geheißen und fand sich am nächsten Tag wieder in der Sprechstunde ein. Der Arzt setzte den Jungen auf seinen Schoß, nahm ihm die klebrige Schokolade aus der Hand und sprach mahnend auf ihn ein. Schließlich strich er dem kleinen Burschen übers Haar und sagte: "Denke immer daran: Zuviel ist immer ungesund. Übe dich in Mäßigkeit und lerne, die anderen schönen Sachen zu entdecken, die auch gut schmecken!"

Nach diesen Worten wollte er Mutter und Sohn verabschieden, doch verwundert über diese Therapie sagte die Frau zu ihm: "Und das war alles? Warum haben Sie ihm das nicht gestern schon gesagt? Dann hätten wir uns den Weg heute sparen können!"

"Gestern, liebe Frau, hätte ich nicht mit Überzeugung sagen können, was ich heute zu Ihrem Sohn gesagt habe, denn gestern hatte ich, gerade bevor Sie kamen, selber ein Stück Schokolade gegessen!"

## 17. Radikalkur

Ein König hatte ein neues, wunderbares Segelschiff bauen lassen und lud zahlreiche prominente Gäste zur Jungfernfahrt ein. Nur ein junger Mann hatte das Meer nie zuvor erlebt, denn der war in den weit entfernten Wäldern und Bergen seiner Heimat aufgewachsen. Kaum hatte der Wind die Segel gefüllt, und die Küste lag außer Sicht, kaum tanzte das schlanke Schiff gleich einem Delphin durch die Wellen, da wurde dem jungen Mann ganz furchtbar übel. Die ihm unbekannte Seekrankheit kam mit aller Macht über ihn, so daß er meinte, seine letzte Stunde habe geschlagen. Sein heißblütiges Temperament ließ ihn sein Schicksal lauthals beklagen: Er jammerte, stöhnte, ächzte, fluchte, schrie und verwünschte sich, das Schiff, das Meer und seinen ungünstigen Stern, der ihn auf diese schwankenden Planken geführt hatte.

Sein Gezeter war dem König und den versammelten Gästen unangenehm; einige gaben Ratschläge, andere riefen nach dem Schiffsarzt, und vielen war es peinlich. Die festliche Stimmung war gestört, und als das Gejammer nicht aufhören wollte, gab der König seinem Kapitän den knappen Befehl: „Tun Sie etwas!" Der Kapitän erwiderte nur: „Majestät, meine Methode mag ungewöhnlich sein, aber sie wirkt." Mit einer kurzen Handbewegung gab der König seine Einwilligung.

Der Kapitän gab zwei seiner stärksten Offiziere den Befehl, den jungen Mann zu ergreifen, ihm ein Seil um die Brust zu binden und ihn ins Meer zu werfen. Es hatte den Anschein, als kämen sie diesem Befehl äußerst bereitwillig nach und – platsch – tauchte der Seekranke ins Wasser. Er strampelte, zappelte und – als er wieder an die Oberfläche kam – prustete und schrie: "Holt mich raus! Um Gottes Willen, zieht mich raus!" Schon tauchte ihn die nächste Welle unter, doch die Seeleute hielten die Leine sicher. Schließlich hievte man den Erschöpften an Bord, gab ihm frische Kleidung und ein Glas des besten Weins. Von nun an saß er matt aber friedlich in einem Deckstuhl, und kein Wort der Klage kam über seine Lippen.

Der König hatte die erstaunlichen Vorgänge wie jeder seiner Gäste auch beobachtet. Nun nahm er seinen Kapitän beiseite und erkundigte sich, welche Erfahrung hinter seiner drastischen Heilmethode stehe. "Nun", sagte der Kapitän, "als dieser junge Mann, wenn auch sehr plötzlich, wie ich leider zugeben muß, erkannte, wie groß die Gefahr des Ertrinkens im Meer ist, da erst lernte er die Sicherheit des Schiffes schätzen. So ist es doch immer im Leben: Erst wenn man die Gefahr erkannt hat, weiß man Sicherheit und Frieden zu schätzen; erst die Krankheit lehrt uns, die Gesundheit zu loben; der Satte will das trockene Brot nicht essen; und wer bei seiner Geliebten ist, hat wenig Verständnis für den, der sich vor Sehnsucht verzehrt."

## 18. Verspekuliert

Einem Betrüger wurden vom Richter drei mögliche Bestrafungen für seine Vergehen genannt. Angesichts der Tatsache, daß er geständig sei, dürfe er sich eine der genannten Bestrafungen auswählen: Entweder müsse er fünfhundert Dinar zahlen, oder er erhalte fünfzig Stockschläge, oder er müsse fünf Kilo rohe Zwiebeln essen.

Für Geld hatte der Betrüger schließlich alles riskiert, und nun war er zu geizig, um sich davon zu trennen. Körperliche Schmerzen waren ihm zuwider. Doch da er ein guter Esser war, entschied er sich – froh so elegant davonzukommen – für die Zwiebeln.

Nachdem er kaum ein Pfündchen Zwiebeln verspeist hatte, liefen ihm die Tränen in Sturzbächen über die Wangen, und kalter Schweiß rann ihm den Rücken hinunter beim Anblick der neun Pfund Zwiebeln, die darauf warteten, seinen Gaumen zu kitzeln.

„Dann soll doch lieber der Stock mich streicheln", dachte er, sich bereits vor Magendrücken windend, „fünfzig ist ja schnell vorbei. Hauptsache ich muß nicht zahlen." Und so bat er unter Zwiebeltränen schluchzend, das Gericht möge ihm die Zwiebeln erlassen, er wolle doch lieber die Stockschläge erdulden.

„Nichts leichter als das!" sprach der Richter und gab den beiden hünenhaften Schergen das Zeichen. Die packten den Betrüger, streiften ihm das Hemd ab und führten ihn zu den Strafpfählen. Während der eine ihn zwischen den Pfählen festband, ließ der andere die Rute durch die Luft sausen. Noch bevor er den ersten Schlag spüren sollte, wußte der ängstlich zitternde Betrüger, daß er sich falsch entschieden hatte. Bei jedem Hieb auf den Rücken schrie er lauter. Jetzt liefen ihm echte Tränen aus den Augen.

Nachdem er fünfzehn Schläge erhalten hatte, hielt er den Schmerz nicht mehr aus. Jammernd bat er das Gericht, ihm doch die Schläge zu erlassen. Doch jetzt blieb der Richter streng, und die Schergen taten weiter ihre Pflicht. Fünf Schläge später röchelte der Betrüger: „Hört auf! Hört auf! Ich werde zahlen!"

So hatte der Betrüger, der sich zwei Strafen ersparen wollte, mit drei Strafen bezahlt.

## 19. Festgefahren

Eine Bäuerin bat ihren Mann, daß er ihr Walnüsse aus dem Keller hole, denn sie wolle zu seinem Geburtstage einen ihrer begehrten Nußkränze backen. Der Bauer stieg in den Keller hinab, wo die Nüsse in einem tönernen Krug aufbewahrt wurden. Schon ganz in Gedanken bei dem herrlichen Kuchen, der ihm und den Gästen in zwei Tagen serviert werden würde, griff der Bauer tief in den Krug und faßte so viele Nüsse, wie seine Hand nur zu halten vermochte. Doch da geschah das Unglück: Er bekam seine Hand nicht mehr frei. Er zerrte hin und her, versuchte es mit drehen, dann mit ziehen, doch alles vergebens – der Krug gab seine Hand nicht frei. Da begann er, erst leise zu schimpfen, dann zu fluchen, und je unwilliger und ungeduldiger er wurde, desto lauter begann er zu schreien. Seine Frau kam in den Keller geeilt und schlug vor Schreck die Hände über dem Kopf zusammen.

„Steh' nicht herum, hilf mir lieber", herrschte er seine Frau an. Die umschlang den Krug mit ihren beiden Armen, stemmte dem Bauern gar ihr Knie in den Bauch – doch es half alles nichts.

„Ruf die Nachbarn zu Hilfe; alleine schaffen wir es nicht, meinen Arm von dem verfluchten Krug zu befreien", bat er völlig erschöpft seine Frau. Mit tatkräftiger Unterstützung von zwei starken Nachbarn begann die Prozedur aufs neue. Doch als ihm schier der Arm ausgerissen wurde, traten dem Bauern aus Verzweiflung und Schmerz die Tränen in die Augen. Da faßte sich eines der Nachbarskinder, die sich das Spektakel natürlich nicht entgehen lassen wollten, ein Herz: „Ich weiß wohl, wie du deine Hand da wieder rausbringst", sagte eine feine Stimme, und alle sahen das Mädchen in sprachlosem Erstaunen an.

„Wie soll denn das wohl geschehen, du Naseweis, außer wir schlagen den schönen Krug in Scherben?" fragte der Bauer.

„Der Krug bleibt heil und dein Arm auch, aber nur, wenn du genau das tust, was ich dir sage!" erwiderte das Mädchen.

„Ach, schlimmer kann es wohl auch nicht mehr werden", sagte der Bauer. „Ich will alles tun, was du mir sagst, wenn nur endlich der Krug meine Hand wieder frei gibt."

„Dann versuche, deinen Arm so tief in den Krug zu schieben, wie du nur kannst", lautete die erste Anweisung.

„Aber ich will meinen Arm heraushaben und nicht tiefer hineinschieben!" widersprach der Bauer.

„Tu, was ich sage, oder die Hand bleibt drin!" entgegnete kurz angebunden das Mädchen.

Kopfschüttelnd tat der Bauer wie geheißen, während alle anderen um ihn herumstanden und gespannt darauf warteten, was der Göre wohl noch alles einfiel. Erwartungsvoll sahen alle das Mädchen an.

„Öffne jetzt deine Hand, und laß alle Nüsse frei, die du festgehalten hast!" lautete die zweite Anweisung.

„Aber das ist doch ganz widersinnig", begehrte der Bauer auf, und die Umstehenden nickten, „schließlich will ich die Nüsse herausholen und sie nicht drinlassen!"

„Tue so, wie ich dir sagte, oder die Nüsse und deine Hand bleiben im Krug für immer", entgegnete das Mädchen.

„Schlimmer kann's nicht werden", murmelte der Bauer und ließ die Nüsse fallen.

„Jetzt mache deine Hand ganz schmal und ziehe sie langsam aus dem Krug heraus!" lautete die dritte Anweisung des kleinen Mädchens.

Ein Seufzer der Verwunderung entfuhr den Erwachsenen, als der Bauer seine unversehrte Hand emporhob.

Doch schnell erinnerte er sich des eigentlichen Problems und rief: „Meine Hand habe ich wieder – aber wo bleiben die Nüsse, die noch im Krug stecken?"

„Nichts leichter als das", meinte das Mädchen und kippte den Krug um. Da rollten viel mehr Nüsse heraus als der Bauer hatte holen wollen, und alle bestaunten mit großen Augen das Wunder.

## 20. Zeitlos

An ihrem Stammtisch im Gasthaus saßen einige ältere Herren. Sie kannten sich von Kindheitstagen an. Sie waren in die gleiche Schule gegangen. Hatten alle zur gleichen Zeit einen Beruf erlernt, einige Jahre später Familien gegründet und ihr Auskommen gesichert. Nun waren sie pensioniert und trafen sich einmal in der Woche, um ein paar Kegel umzuwerfen, einige Bierchen zu stemmen und über die alten Zeiten zu reden.

„Ich weiß nicht", sagte einer von ihnen, „bin wohl doch älter geworden; früher war ich flink wie ein Wiesel und beim Fußball an Ausdauer und Geschick den meisten überlegen – aber wenn ich heute zum zweiten Stockwerk hinauf muß, geht mir schon nach zehn Treppen die Puste aus."

„Wem sagst du das?" entgegnete sein Nachbar, „beim Tanzen war mir früher keiner über. Nächtelang habe ich das Tanzbein geschwungen, und heute wird mir schon bei einer halben Umdrehung schwindelig."

„Warum soll es euch besser gehen als mir?" fragte ein anderer. „Früher hatte ich Augen wie ein Luchs. Dann mußte ich beim Autofahren eine Brille tragen; und jetzt kann ich nicht einmal mehr die Zeitung ohne Brille lesen!"

„Es läßt sich nicht leugnen: Das Alter hat uns fest im Griff", bestätigte sein Gegenüber. „Vor wenigen Jahren noch habe ich einen Zentnersack mit einer Hand gehoben. Heute bin ich froh, daß fast alle Koffer Rollen haben."

„Also, ich weiß gar nicht, was mit euch plötzlich los ist: Ihr jammert in einer Tour über euer Alter und eure schwindenden Kräfte – mir hat das Alter in keiner Weise geschadet", entrüstete sich der Herr neben ihm, der als der Intellektuelle der Runde galt, weil er als einziger von ihnen eine Hochschule besucht hatte.

„Ach, du Angeber. Hast kaum noch Haare auf dem Kopf, aber das Alter hat dir nicht geschadet", stichelten die Freunde.

„Es stimmt schon, was ich sage. Ihr könnt mir's glauben: Ich bin heute noch so stark wie vor vierzig Jahren."

„Du erzählst Märchen. Das nimmt dir doch keiner ab! Das mußt du uns erst beweisen!"

„Wirklich! Es verhält sich so, wie ich sage: Ich bin heute noch so stark wie vor vierzig Jahren. Ich habe es gestern noch ausprobiert und bestätigt gefunden. Ihr kennt doch den schweren eichernen Bücherschrank, der schon meinem Großvater gehört hat. Den wollte ich gestern wegschieben", sagte der Intellektuelle mit selbstzufriedener Miene.

„Und was soll damit bewiesen sein?" fragten die erstaunten Freunde.

„Nun, vor vierzig Jahren wollte ich den Bücherschrank etwas weiter in die Ecke schieben, und damals gelang es mir nicht. Gestern versuchte ich es nochmals, und es gelang mir wieder nicht. So steht doch eindeutig fest: Ich bin immer noch so gut bei Kräften wie vor vierzig Jahren! Prost!"

## 21. *Erträglich*

*D*er Meister wurde von einem wohl beleibten Herrn gefragt: „Welche Menge soll denn ein Mensch täglich essen und trinken?"

„Ich denke, daß ein erwachsener Mensch täglich mit insgesamt drei Pfund Nahrung und Trank auskommen sollte", erwiderte der Meister.

„Das kann doch nicht sein, das ist doch viel zu wenig. Wie soll man denn da bei Kräften bleiben und auch noch schwere Arbeit verrichten? Das reicht doch nicht im mindesten, um auch nur gesund zu bleiben!" rief der dicke Mann aus.

„O doch, diese Menge Nahrung und Trank reicht aus, um dich bei Kräften und bei Gesundheit zu halten. Ja sogar mehr als das: Die Menge, die ich dir nannte, trägt dich – was du aber darüber hinaus mehr ißt und trinkst, das mußt du tragen."

## 22. *Kleinmütig*

Zum Meister kam eine Frau, die mit ihren Lebensbedingungen sehr unzufrieden war. Sie klagte über die Kollegen, die Nachbarn, ja selbst ihre Freunde konnten nichts zu ihrer Zufriedenheit beitragen. Denn sie sah, daß es allen besser ging als ihr. Die Kollegen verdienten angeblich mehr als sie; die Nachbarn waren schon wieder in Urlaub; von den Freunden fühlte sie sich geschnitten; und überhaupt hatte sie seit einiger Zeit ständig Migräneanfälle, aber die Ärzte konnten keine Ursache feststellen.

Der Meister dachte einen Augenblick nach und erzählte ihr folgende Geschichte: „Vor vielen Jahren lebte ein Mann, der in seinem Berufe sehr erfolgreich war. Er hatte eine große Fabrik und beschäftigte viele Leute. Von seinem erworbenen Reichtum hatte er sich ein prächtiges Haus gekauft, mehrere teure Autos standen in der Garage, die allein so groß war wie eine normale Wohnung, zwei wunderschöne Rassepferde, ein Segelschiff und unendlich viele große und kleine Dinge machten ihm das Leben leicht und angenehm.

Doch eines Tages brach in dem Land, aus dem er seine wichtigsten Rohstoffe bezog, ein verheerender Bürgerkrieg aus, der vier Jahre dauerte und alles in Schutt und Asche legte. Seine Rohstoffquellen versiegten, seine Fabrik konnte nicht mehr arbeiten, innerhalb kurzer Zeit verlor er alles, was ihm einmal wichtig gewesen war.

Da verfluchte er sein Schicksal, das ihm alles genommen hatte. Er fiel in tiefe Verzweiflung, und sein Geist verwirrte sich. Bald war seine Not und Armut so groß, daß er selbst unter den Besitzlosen einer der Ärmsten war. Und wegen seines ewigen Geredes darüber, was für ein mächtiger und reicher Herr er in seinem früheren Leben doch gewesen sei, mochte niemand mit ihm freundlichen Umgang pflegen. Dadurch wurde seine Einsamkeit noch größer und seine Verbitterung noch tiefer. Er kümmerte sich um nichts mehr, schimpfte ständig murmelnd vor sich hin, seine Kleider waren nur noch Lumpen, und von seinen feinen Schuhen waren ihm nicht einmal Fetzen geblieben. Mit blutenden Füßen schlurfte er durch die Stadt, in der er einmal zu den Großen gezählt hatte.

Eines Nachts kam er zu einer der Brücken der Stadt, um unter ihrem Bogen Schutz vor dem Regen und der Dunkelheit zu suchen. Da bemerkte er einen seltsam kleinen Mann, der lachend den dunklen Gestalten um ihn herum eine Begebenheit erzählte, die auch sie zu erheitern schien. Das Lachen in dieser tristen Umgebung und die ungewöhnliche Gestalt des Erzählers veranlaßten den Verbitterten, genauer hinzuschauen, und er sah, daß der kleine Mann auf einem Brett mit vier Rädern kauerte. Der dort mit seiner Fröhlichkeit auch andere zum Lachen brachte, hatte nicht nur keine Schuhe, ihm fehlten sogar die Füße und die Beine.

Da erwachte die Seele des Verarmten aus ihrer Erstarrung."

## 23. Besserwisser

Ein Schüler, der seit vielen Jahren die Kampftechniken studiert hatte, wollte vom Meister wissen, welche denn die beste aller Verteidigungsmöglichkeiten sei. Der Meister antwortete: „Keinen Grund zum Angriff zu bieten, ist die beste aller Verteidigungen." Der Schüler war über diese Antwort sehr verwundert, denn wozu sollten alle seine Anstrengungen angesichts dieser Behauptung sinnvoll gewesen sein?

„Ein junger Mann", erzählte der Meister, „war in allen Wissenschaften und auch in einigen Kampftechniken so geschult, daß seine hervorragenden Kenntnisse auf vielen Gebieten ihm schon einen recht großen Namen gemacht hatten und sein Rat auch von vielen Älteren gesucht und geschätzt wurde. Nun geschah es einmal, daß der Gelehrte wegen irgendeiner Kleinigkeit von einem dummen Burschen angegriffen wurde. Der Bursche, der ein Holzhauer war, war dem Mann der Bücher an Körperkraft natürlich um ein Vielfaches überlegen, so daß ihm auch sein Wissen um Kampftechniken nicht nutzen konnte. Der Holzhauer hatte den Vielwisser beim Kragen gepackt und prügelte ihn grün und blau. Niemand von den Umstehenden traute sich, schlichtend einzugreifen, aus Furcht, auch gehörige Dresche zu beziehen.

Ein alter und lebenserfahrener Mann, der ebenfalls alles mitangesehen hatte, meinte zu dem Vorfall: ‚Der Gelehrte hat selbst Schuld an seinem Mißgeschick. Wäre er nicht nur ein Vielwisser, sondern auch ein Wissender, so hätte er es zu vermeiden gewußt, von einem Unwissenden angegriffen zu werden.'"

## 24. Unbelastet

„Der Tod macht alle gleich, doch die Lebenden wollen es nicht wahrhaben", sagte der Meister.

„Zwei junge Männer standen einmal vor den Gräbern ihrer Väter, die beide im gleichen Jahr gestorben waren. Das Grab des reichen Händlers war mit Säulen und Figuren aus Marmor überladen, und daneben wirkte das Grab des bescheidenen Handwerkers fast armselig.

‚Sieh nur wie der Marmor glänzt und wie die goldene Inschrift leuchtet', rief der Sohn des Händlers aus. ‚Dieser trauernde Engel sieht so lebensecht aus, daß er einem ans Herz rührt. Und die weiße Grabplatte ist eine Spanne dick und mußte mit Seilwinden aufgelegt werden. Da sieht man doch, daß hier eine bedeutende Persönlichkeit begraben liegt. Daneben sieht das Grab deines Vaters ja nun wirklich schlicht aus: Ein paar Steine und ein wenig Erde dazwischen, was ist das schon?'

Der Sohn des Handwerkers war bei den prahlenden und anmaßenden Worten seines Nachbarn ganz ruhig und gelassen geblieben. Nun aber sagte er: ‚Wie ich hörte, ist dein Vater keines leichten Todes gestorben, weil er von all seinem Reichtum lassen mußte. Und darum habt ihr wohl ihm zum Trost dieses Mausoleum errichtet. Doch bis dein Vater sich unter dem Marmorberg auch nur umdrehen kann, ist mein Vater schon im Paradies angelangt!'"

## 25. Natürlich

Am Ganges saß ein Yogi in Meditation versunken. Als er wieder die Augen öffnete, bemerkte er einen Skorpion, der ins Wasser gefallen war und verzweifelt strampelnd um sein Leben kämpfte.

Voller Mitleid mit der todgeweihten Kreatur tauchte der Yogi seine Hand ins Wasser und hob den Skorpion aufs Trockene. Der aber stach seinen Retter, und das schmerzte auch einen Yogi sehr.

Als nach einer längeren Meditation der Yogi wiederum die Augen erhob, sah er den Skorpion zum zweiten Mal um sein Leben kämpfen, da er zu ertrinken drohte. Trotz des schlechten Dankes rettete der Yogi das Tier auch dieses Mal aus seiner Lebensgefahr, und wieder stach der Skorpion so arg, daß der Yogi heftig aufschreiend seine Gelassenheit vergaß.

Als aber der Skorpion zum dritten Male zu ertrinken drohte, und der Yogi ihn wiederum rettete, konnte ein Bauer, der durch den Aufschrei des Yogi neugierig geworden war, seine Verwunderung über dieses seltsame Verhalten nicht länger zurückhalten: „Heiliger, warum hilfst du dem elenden, undankbaren Geschöpf immer wieder, wenn du zum Dank dafür nur Schmerzen erhältst?"

„Nun, wir folgen doch beide nur unserer Natur", antwortete der Yogi dem erstaunten Mann. „In der Natur des Skorpions liegt es zu stechen, und in meiner Natur liegt es, barmherzig zu sein."

## 26. Dosierung

*E*in vom Alter und den unendlichen Mühen der Arbeit und der Armut gebeugter Mann bemühte sich, seinen Esel voranzutreiben, der mit prall gefüllten Wasserschläuchen beladen war.

Da kam ein reicher Müßiggänger vorbei und sprach den Alten an: „Sag mir, guter Mann, wie kommt es, daß du in der Mühsal deines Lebens ein so hohes Alter erreicht hast, während doch die Reichen und die satten Lebensgenießer oft in der Blüte ihrer Jahre der Tod ereilt?"

„Die Ursache ist darin zu finden", antwortete der Alte, „daß uns Armen aus dem Schlauch des Lebens alles nur tröpfchenweise zusickert, während die Reichen den Schlauch des Lebens öffnen und ihn gierig leeren."

## 27. Auslegung

Ein mächtiger Fürst lebte in ständiger Angst vor dem Verlust seiner Macht. Darum unterhielt er nicht nur einen großen Geheimdienst, sondern ließ auch seine Sterne von Astrologen befragen und seine Träume von Traumdeutern auslegen.

Eines Nachts träumte ihm, alle seine Zähne seien ihm ausgefallen.

Sogleich ließ er seinen besten Traumdeuter kommen, um zu hören, was dieser schreckliche Traum zu bedeuten habe. „Möge das Schicksal dich vor allem Übel bewahren, Herr", sagte der Traumdeuter, „doch bitte ich untertänigst um Vergebung, denn dein Traum bedeutet, daß du alle deine Verwandten sterben sehen wirst!"

Diese Auskunft erzürnte den Fürsten, der Unheil auf sich zukommen sah, und er befahl, den Traumdeuter von seinem Hofe zu jagen, damit er ihm nicht mehr unter die Augen komme. Dann ließ er nach einem anderen Traumdeuter schicken. Auf die Frage, was der Traum bedeute, sagte dieser ihm: „Das Schicksal will all deinen Verwandten ein langes Leben schenken. Doch der Traum bedeutet, daß du sie alle überleben wirst!"

Diese Auslegung entzückte den Fürsten, der den Traumdeuter reich belohnte.

## 28. Entdeckerfreude

"Zwischen Forscherdrang und Neugier ist ein großer Unterschied", sagte der Meister, und er erzählte:
"In einem Dorf stand mitten auf dem Dorfplatz ein riesengroßer Stein. Wind und Wetter hatten ihn in Jahrhunderten glattgeschliffen, und die Dorfbewohner waren stolz auf ihr einzigartiges Wahrzeichen. Doch wie es schien, hatte der Stein nicht immer dort gestanden, denn im oberen Teil trug er eine eigenartige Inschrift:

Hast du mich von unten gesehen,
wirst du Neugier gleich verstehen!

Einem Mann im Dorf ließen diese Worte keine Ruhe. Was seit unendlich vielen Jahren niemanden ins Grübeln brachte, ließ ihn keine Nacht mehr schlafen. Die Inschrift wurde von den meisten Leuten gar nicht beachtet, und wer darüber nachdachte, der hielt sie für eine kaum falsch zu verstehende Warnung vor übertriebener Neugier. Doch der Mann meinte, diese Schrift solle nur abschrecken, weil darunter vielleicht ein Schatz vergraben sei, oder sich dort der Zugang zu einer geheimnisvollen Höhle befinde. Und so redete er immerfort. Nach und nach zogen seine Worte immer mehr Leute auf seine Seite, die der Meinung waren, daß an seinen Reden ja etwas dran sein könne... So kam es dazu, daß der Gemeinderat eines Tages beschloß, den Stein anzuheben.
Aber was leicht zu beschließen war, war nur sehr schwer durchzuführen. Auch als alle Neugierigen mithalfen, ließ sich der Stein nicht beiseite rollen. So sehr sie sich auch abmühten,

der Stein bewegte sich nicht. Eifrige Diskussionen führten dazu, daß alle anderen Arbeiten im Dorf zu kurz kamen. Als man daran ging, den Stein mit Wasser zu unterspülen, hätten die Dorfleute eigentlich ihre Felder pflügen sollen. Als sie einsahen, daß dazu mehr Wasser notwendig wäre, als sie herbeischaffen konnten, hätten sie eigentlich ihre Tiere versorgen sollen. Dann gingen sie zu einer Zeit, als sie das Saatgut hätten ausbringen sollen, daran, auf einer Seite am Fuß des Felsens ein tiefes und breites Loch zu graben. Und als sie sich eigentlich um ihre Obstbäume hätten kümmern sollen, da waren alle Dorfbewohner damit beschäftigt, lange Seile um den Stein zu winden. Dann war es soweit: Alle zogen mit ganzer Kraft an den Seilen, die Mutigsten rissen die Stützbalken weg, endlich bewegte sich der Stein, dann sank er um und zeigte seine Unterseite.

Aber die gab keinen Höhleneingang oder gar eine Schatzkiste frei, sondern nur ein paar Worte:

Ach, das ist ein schönes Vergnügen,
auch mal anders herum zu liegen.

Ziemlich betroffen starrten die Dorfbewohner auf diese Zeilen. Allmählich wurde ihnen klar, daß sie zu ihrer Schande nicht nur den Spott der Nachbardörfer ernteten, sondern daß ihnen auch noch ein armseliges Jahr bevorstand, da sie ihre Felder, ihr Vieh und ihre Bäume vernachlässigt hatten."

## 29. Knapp entkommen

Seit langem schon versuchte der Fuchs, einem reichen Bauern den schönsten Hahn vom Hofe zu stehlen. Da er sich aber vor dem starken Schnabel und den spitzen Sporen fürchtete und einen Kampf möglichst vermeiden wollte, genügte es nicht, den Hahn in einen einsamen Winkel zu locken. Nein, er mußte sich auch eine List einfallen lassen.

Eines Nachmittags waren die Umstände günstig. Der Fuchs kam plötzlich hinter dem Rosenstock hervor und sagte mit einschmeichelnden Worten: „Werter Herr Hahn, ich bin einer der größten Bewunderer Eurer Stimme. Kein Kikeriki kommt Eurem Krähen gleich. Noch tief drinnen im Wald kann ich Eure herrliche Stimme vernehmen. Doch sagt mir, ist es denn wahr, was die Tiere von Euch behaupten, daß Ihr nur mit offenen Augen krähen könnt und wie ein Küken piepsen müßt, wenn Ihr die Augen beim Krähen schließt?"

„So etwas Dummes können nur die Waldtiere erzählen", antwortete der Hahn. „Du kannst dich ja gleich vom Gegenteil überzeugen." Der Hahn schloß die Augen, streckte den langen Hals und wollte eben sein schönstes Kikeriki erschallen lassen, da schnappte der Fuchs zu und rannte los. Er hielt seine Beute fest gepackt, doch bevor er an der Scheune vorbei war, hatte der Bauer ihn gesehen. Der warf ihm die Axt hinterher, mit der er gerade Holz hackte, und da er nicht getroffen hatte, nahm er mit einem dicken Holzstück in der Hand die Verfolgung auf.

„Er wird uns beide totprügeln, wenn er uns erwischt. Schnell, sagt ihm, daß ich Euch freiwillig begleite", röchelte der Hahn.

„Euer Hahn ist ganz freiwillig mitgegangen", rief der Fuchs dem Bauern zu. Doch um dies zu rufen, mußte er sein Maul weit aufmachen – und der Hahn konnte entkommen.

So wurden beide an diesem Nachmittag um eine Erfahrung reicher:

„Man sollte nicht sprechen, wenn es besser wäre zu schweigen", dachte der Fuchs.

„Man sollte nicht mit geschlossenen Augen krähen, wenn es besser wäre, mit offenen Augen durch die Welt zu gehen", dachte der Hahn.

## 30. Fortschritt

Ein Gelehrter, der mit Staatsgeschäften befaßt war, sah bei einer seiner Reisen durch die Provinz einem Gärtner bei der Arbeit zu. Der alte Mann plagte sich unter großen Anstrengungen, einen kleinen Graben vom Schöpfbrunnen zu seinen Gemüsebeeten zu ziehen. Dann zog er einen Eimer Wasser aus dem Brunnen heraus und leerte ihn in sein Grabensystem. Große Mühen für ein kleines Ergebnis.

„Wenn du dir eine automatische Wasserpumpe anschaffen würdest", rief der Beamte, „dann könntest du ohne die geringste Anstrengung ganz nach Bedarf riesige Flächen bewässern, und dein Garten brächte die wunderbarsten Erträge hervor."

„Ich brauche keine automatische Wasserpumpe, weil ich auch keine größeren Erträge brauche", entgegnete der alte Gärtner.

„Aber sie macht dir in deinem Alter das Leben leicht", empfahl der Beamte.

„Genau darum geht es: Ums leichte Leben. Ich halte mich lieber an das, was mein Meister mich gelehrt hat: Wer die listigen Hilfsmittel benutzt, ist listig in seinen Angelegenheiten. Wer listig in seinen Geschäften ist, ist auch listig in seinen privaten Belangen. Wer listig in seinen privaten Belangen ist, ist auch listig in seinem Herzen. Und wer listig in seinem Herzen ist, kann nicht aufrichtig und ehrlich sein. Und wer nicht aufrichtig und ehrlich ist, der kann nicht ruhig im Geiste sein. Und wer ruhelos im Geiste ist, in dessen Seele kann die Harmonie nicht wohnen.

Natürlich weiß ich um all die modernen Dinge, die morgen schon wieder veraltet sind. Aber ich würde mich schämen, sie zu benutzen."

Da senkte der Beamte verlegen die Augen. Doch als er sich von dem Alten verabschieden wollte, fragte der ihn, wer er denn sei.

Und als er darauf antwortete, daß er ein bedeutender Staatsbeamter und großer Gelehrter sei, sagte der Gärtner: „So gehörst du zu denen, die ihr Wissen vermehren, um als weise zu gelten. Die als Politiker groß reden, um sich über die Menge erheben zu können. Die öffentlich Gutes tun, um ihre guten Namen zu verbessern. Doch erst, wenn du all diesen Dingen abschwören und Äußerlichkeiten beiseite legen könntest, dann erst würdest du dem Wesentlichen nahe kommen. Du aber bist nicht in der Lage, dich selbst zu regieren, doch schickst du dich an, andere, ja die Welt zu lenken.

Aber ich will dich nicht aufhalten, und du störe meine Arbeit nicht länger."

## 31. Achtsam

Schüler bedrängten den Meister, er solle ihnen erklären, wie er es trotz seiner vielen Verpflichtungen anstelle, stets ausgeglichen in seinem Verhalten und harmonisch in seiner Ausstrahlung zu erscheinen. Er lächelte gutmütig und sagte:
„Wenn ich stehe, dann stehe ich.
Wenn ich gehe, dann gehe ich.
Wenn ich sitze, dann sitze ich.
Wenn ich trinke, dann trinke ich.
Wenn ich esse, dann esse ich.
Wenn ich spreche, dann spreche ich."

Die Schüler fühlten sich nicht ernstgenommen und unterbrachen den Meister: „Das alles tun wir doch auch. Aber es muß noch etwas anderes geben, das uns hilft, auch wenn wir die vollkommene Erleuchtung noch nicht erlangt haben!"
Doch wieder sagte der Meister:
„Wenn ich stehe, dann stehe ich.
Wenn ich gehe, dann gehe ich.
Wenn ich sitze, dann sitze ich.
Wenn ich trinke, dann trinke ich.
Wenn ich esse, dann esse ich.
Wenn ich spreche, dann spreche ich."

Unwillig unterbrachen ihn die Schüler ein zweites Mal: „Aber das tun wir doch auch!"
„Das tut ihr eben nicht!" sagte der Meister.
„Denn wenn ihr sitzt, dann steht ihr schon.
Wenn ihr steht, dann lauft ihr schon.
Wenn ihr lauft, dann seid ihr schon am Ziel."

## 32. Chance

Ein Gelehrter saß während eines schönen Sommertages bei geöffnetem Fenster an seinem Schreibtisch und wollte arbeiten. Doch konnte er sich nicht auf seine Bücher konzentrieren, denn unter dem Fenster spielte und lärmte eine bunte Kinderschar.

Endlich meinte der Gelehrte, daß nun auch die Geduld des größten Kinderfreundes erschöpft sein müßte. Er lehnte sich aus dem Fenster und rief in den Hof hinunter: „He, ihr Taugenichtse, habt ihr es denn nicht gesehen: Hinter dem Stadtpark ist ein Ufo gelandet!"

Unter großem Gejohle rannten die Kinder fort. Eine Weile war es herrlich ruhig, und der Gelehrte vertiefte sich in seine Arbeit. Doch plötzlich erschallte der Lärm zahlreicher Autos, das Klingeln vieler Fahrräder und das Gebrause der Stimmen vieler Menschen. Alles was Beine, Krücken oder Räder hatte, war auf dem Weg zum Stadtpark.

Der Gelehrte stutzte, schloß seine Bücher und lief zur Türe. „Wo willst du denn hin?" rief verwundert seine Frau. „Etwa auch zum Stadtpark? Du hast doch die Geschichte mit dem Ufo selbst erfunden!"

„Ja schon", erwiderte der Gelehrte. „Aber man kann nie wissen..."

## 33. Guter Rat

Tief bekümmert kam ein Bauer zu seinem Nachbarn. Der fragte ihn, warum er so ein sorgenvolles Gesicht mache.
„Wie du weißt, habe ich eine gutgehende Hühnerfarm. Doch in den letzten Tagen ist plötzlich ein großer Teil meiner Hühner gestorben. Ich weiß gar nicht, was ich machen soll."
„Womit fütterst du sie denn?"
„Sie bekommen Hafer."
„Nein, Hafer ist nicht gut. Du mußt Weizen verfüttern."
Als sie sich zwei Tage später auf dem Markt trafen, sagte der Bauer: „Es ist nichts besser geworden. Im Gegenteil: Wieder sind in den letzten Tagen zwanzig Hühner gestorben."
„Welches Wasser gibst du ihnen zu trinken?" fragte der Nachbar.
„Was fragst du nach dem Wasser?" ereiferte sich der Bauer. „Wasser ist Wasser. Und meine Hühner bekommen Wasser aus meinem Brunnen."
„Wasser ist nicht gleich Wasser", belehrte der Nachbar. „Wenn deine Hühner krank sind, mußt du ihnen abgekochtes Wasser geben."
Am Sonntag darauf beklagte sich der Bauer beim Nachbarn. „Deine Ratschläge haben nicht geholfen. Seit vier Tagen trinken meine Hühner abgekochtes Wasser, doch schon wieder sind fünfzig Hühner krepiert."
„Das ist schlimm, mein Freund", erwiderte nachdenklich den Kopf schüttelnd der Nachbar. „Denn weißt du, gute Ratschläge hätte ich noch viele – aber hast du genug Hühner?"

## 34. Unterschied

Der Meister sagte: „Kein Mensch ist ohne Sünde. Es gibt jedoch einen wesentlichen Unterschied zwischen einem erleuchteten Menschen und einem nicht erleuchteten Menschen. Der erleuchtete Mensch weiß: Solange er lebt, sündigt er. Der nicht erleuchtete Mensch weiß: Solange er sündigt, lebt er."

## 35. *Fixiert*

"Gier macht blind!" sagte der Meister. „Jedes Begehren schränkt unsere Wahrnehmung ein; übergroßes Verlangen jedoch legt uns in Ketten.
Dazu möchte ich euch die folgende Geschichte erzählen:
In einer großen Stadt lebte ein Mann, der sehr geldgierig war.

Eines Tages schlich er sich mitten in der belebten Fußgängerzone an den Geldboten einer Bank heran und raubte ihn aus.

Aufgrund der Personenbeschreibung mehrerer Passanten wurde er wenige Minuten später festgenommen. ‚Wie konnten Sie nur auf den Gedanken kommen, mitten unter all den Leuten den Geldboten zu überfallen?' fragte ihn bald darauf der Richter.

‚Ich habe nur das viele Geld gesehen. Menschen habe ich keine bemerkt!' sagte der Räuber."

## 36. Berechnung

„Geschenke, die von Herzen kommen, kann man mit reinem Herzen annehmen. Geschenke, die nicht von Herzen kommen, kann man nicht mit reinem Herzen annehmen", sagte der Meister. Dazu erzählte er folgende Geschichte:

„Ein Mann hatte einen wunderbaren Edelstein gefunden. Er wollte ihn seinem König zum Geschenk machen, denn er versprach sich einen höheren Vorteil von der Gunst des Königs als von dem Wert des Edelsteins.

Höchst erstaunt war er jedoch, als der König es ablehnte, den Stein anzunehmen.

‚Ich habe den Stein von einem Juwelier schätzen lassen, und der hat mir versichert, daß dies ein äußerst wertvoller Edelstein ist', ereiferte sich der Mann, als er endlich zum König vorgelassen worden war.

‚Das stelle ich nicht in Abrede, guter Mann', sagte der König. ‚Doch was ich für mich als wertvoll erachte, ist, nicht der Habsucht zu unterliegen. Was du für wertvoll erachtest, ist dieser Stein. Wenn du ihn mir zum Geschenk machen würdest, dann würden wir beide das verlieren, was für uns wertvoll ist. Darum habe ich entschieden, den Stein nicht anzunehmen und alles zu belassen, wie es ist.'"

## 37. Vergänglich

Ein Laiendarsteller war einem Regisseur aufgefallen, der ihn unbedingt für die Hauptrolle in seinem neuen Film verpflichten wollte. Nach viel Überzeugungsarbeit nahm der Laiendarsteller die Rolle an. Er spielte so unverkrampft und überzeugend, daß die Kritiker jubelten: Ein neuer Stern sei aufgegangen.

Der Schauspieler erhielt nun Angebote von berühmten Regisseuren, zahlreiche Bitten um Interviews und viele Einladungen zu Talkshows. Einmal fragte ihn ein Moderator, wie er sich denn fühle. Der Schauspieler überlegte kurz und erwiderte: „Wie ein Pfingstochse." „Das müssen Sie unserem Publikum erklären!" sagte der Moderator.

„In meiner Heimat wurde zu Pfingsten ein stattlicher Ochse ausgewählt und herrlich geschmückt. Bunte Kugeln wurden ihm auf die Hörner gesteckt, Girlanden hingen von seinem starken Nacken, und seinen breiten Rücken schmückte eine mit Gold- und Silberfäden gestickte Decke. Er bekam das beste Fressen und das klarste Wasser. Alle freuten sich und johlten bei seinem Anblick.

Doch der Pfingstochse wäre viel lieber ein unbeachtetes Kälbchen gewesen. Denn er wußte: Am Abend würde er vor der johlenden Menge geschlachtet werden."

## 38. Auskosten

Ein Mann und eine Frau waren zusammen alt geworden. Ihr Leben war stets von Mühsal und Armut gezeichnet gewesen. Immer, wenn der Alte durch seine Arbeit als Tagelöhner zu etwas Geld gekommen war, kaufte er von seinem Geld zwei Stücke trockenes Brot und einige Oliven. Das Geld aber, das noch übrig blieb, steckte er in einen großen Tonkrug, von dem seine Frau nichts wußte.

Eines Abends sagte sie zu ihm: „Seit dem Tage, an dem du mich geheiratet hast, haben wir immer nur trockenes Brot und ein paar Oliven gegessen. Was soll dieses elende Leben? Bitte kaufe uns doch etwas Fleisch oder Fisch, damit wir auch einmal etwas anderes zum Kauen haben."

„Erst, wenn wir das Ding vollhaben!" entgegnete kurz angebunden ihr Mann.

Nie wieder sprach seine Frau ihn auf das kärgliche Essen an, und er kaufte nach wie vor trockenes Brot und ein paar Oliven.

So ging ihr Leben noch eine ganze Zeit unverändert weiter. Doch an dem Tag, an dem der Tonkrug bis zum Überlaufen mit Geld angefüllt war, starb ihr Mann. Als die Trauerzeit vorüber war, nahm sie einen anderen alten Mann zu sich, und sie lebten in Frieden zusammen.

Einmal sagte die Frau: „Ich will heute meine Schwester besuchen. Bleib du hier, wische den Boden und richte uns ein Abendessen."

„Das will ich wohl tun", sagte der Mann, und als seine Frau aus dem Haus war, nahm er den Putzeimer und machte sich an die Arbeit. Dabei bemerkte er, daß das Wischwasser zu einer Ecke des Zimmers lief und im Boden versickerte. Er untersuchte den Sachverhalt und stieß auf eine Marmorplatte. Darunter entdeckte er eine Höhlung, und als er genauer nachforschte, fand er den randvoll mit Geld gefüllten Tonkrug. Er nahm eine Handvoll Geld heraus und kaufte auf dem Markt das beste Essen, das in seinem Haus jemals zubereitet worden war.

Sprachlos war seine Frau, als sie heimkam und statt Brot und Oliven diese Köstlichkeiten vorfand. „Wo hast du denn all die guten Sachen her?" fragte sie, und er sagte nur: „Vom lieben Gott."

Am folgenden Morgen wunderte sich die Frau, daß ihr Mann es gar nicht eilig hatte, zu seiner Arbeitsstelle zu gelangen. „Beeile dich, wenn du nicht zu spät kommen willst."

„Ich bin es eigentlich leid, mich in meinem Alter für ein paar Pfennige derart schinden zu müssen. Hoffentlich erleben wir es, das Ding noch leerzuessen", erwiderte er.

„Was seid ihr Männer doch für komische Kerle?" rief die Frau.

„Wenn ich meinen verstorbenen Mann um etwas Fleisch oder Fisch zur Bereicherung unserer mageren Kost bat, bekam ich zu hören: ‚Hoffentlich erleben wir, daß wir das Ding vollhaben!' Und von dir höre ich nun: ‚Hoffentlich erleben wir, daß wir das Ding leeressen!' Jetzt verrate mir endlich, was das für ein Ding ist, das uns derart bevormundet!"

Da führte er sie zu der Marmorplatte, und als sie diese anhob, erblickte sie darunter den Tonkrug, der voller Geldstücke war. „Du siehst", sagte ihr Mann, „ich bin nicht verrückt, wenn ich uns wünsche: ‚Hoffentlich erleben wir es, das Ding noch leerzuessen!'"

Und sie beschlossen, daß ihre Mühsal nun ein Ende habe.

## 39. *Durchreise*

Ein Herrscher saß umringt von Ratgebern in seiner Audienzhalle und hörte sich die öffentlich vorgetragenen Bitten und Klagen an.

Da drängte sich ein stattlicher Mann durch die Menge der Neugierigen und Ratsuchenden, bis er vor den Thron des Herrschers gelangte. Er rief einen solchen Respekt hervor, daß niemand es wagte, ihn aufzuhalten.

„Was ist mit dir? Was willst du?" sprach ihn barsch der Herrscher an.

„Was soll denn besonderes mit mir sein? Ich bin auf der Durchreise und suche lediglich dieses Hotel auf."

„Bist du blind? Das hier ist kein Hotel, das hier ist mein Palast!" fuhr ihn erbost der Herrscher an.

„Aha!" sagte der Mann. „Und wem gehörte der Palast früher?"

„Natürlich meinem Vater", erwiderte der Herrscher.

„Und wem gehörte er davor?"

„Dem Vater meines Vaters, wem wohl sonst!"

„Und davor?"

„Dem Vater des Vaters meines Vaters!"

„Und davor?"

„Wieder dem Vater von dem!"

„Und wohin sind sie gegangen?" fragte der Mann.

„Sie sind gestorben", antwortete der Herrscher.

„Und du willst mir erklären, das hier sei kein Hotel, wo der eine kommt, der andere geht und alle, die hier wohnen, nur auf der Durchreise sind?"

## 40. Ewige Wahrheit

Ein frommer Mann rief seinen Sohn zu sich und sagte: „In unserer Familie haben alle die Heiligen Schriften studiert. Du bist jetzt in dem Alter, mit den Studien zu beginnen. Bitte sei fleißig und komme als gelehrter junger Mann wieder zu uns."

Nach zwölfjährigem Studium kehrte der junge Gelehrte wieder in sein Elternhaus zurück. Er war stolz auf sich, daß er als bester seines Jahrgangs die Studien abgeschlossen hatte.

Sein Vater beobachtete ihn einige Tage und sagte: „Mein Sohn, du hast eine große Meinung von dir selbst, du glaubst, jetzt schon ein Weiser zu sein, und du bist voller Stolz. Doch sage mir, was weißt du über das Wissen, das hört, was nicht zu hören ist, das denkt, was nicht zu denken ist und das weiß, was nicht zu wissen ist?"

„Was für eine Weisheit ist das, von der ich noch nie gehört habe?" fragte der erstaunte Sohn.

„Wenn du einmal erkannt hast, was Staub ist, dann kannst du allen Staub erkennen, mein Sohn, solange die Unterschiede nur Worte sind und das Wesentliche Staub ist.

Wenn du einmal erkannt hast, was Gold ist, dann kannst du alles Gold erkennen, solange die Unterschiede nur Worte sind und das Wesentliche Gold ist."

„Vielleicht hatten selbst meine Lehrer keine Kenntnis von diesem Wissen, denn warum haben sie es uns nicht gelehrt?" fragte der junge Gelehrte. „Bitte unterweise du mich, mein Vater."

„Gut, das will ich tun. Bringe mir bitte eine Frucht vom Banyan-Baum und brich sie auf. Was siehst du?"

„Sehr kleine Samenkerne, Vater."
„Öffne einen von ihnen. Was siehst du."
„Ich kann nichts sehen, Vater."
„Und doch kommt aus dem, was du nicht sehen kannst, mein Sohn, in Wirklichkeit dieser mächtige Banyan-Baum hervor. Glaube mir, mein Sohn, der Geist des Universums ist von unsichtbarer und essentieller Weisheit durchwoben. Das ist Wirklichkeit. Das ist Wahrheit."
„Bitte erkläre mir mehr darüber", bat der junge Mann.
„Gut, das will ich tun. Gib Salz in ein Glas Wasser und komme morgen früh wieder zu mir."
Der Sohn tat, wie ihm aufgetragen, und als er am Morgen zu seinem Vater kam, bat ihn dieser: „Gib mir das Salz, das du gestern in dieses Wasser geschüttet hast."
„Es ist doch nicht mehr zu sehen, denn es hat sich aufgelöst."
„Dann probiere das Wasser von dieser Seite. Wie schmeckt es?"
„Salzig."
„Nimm einen Schluck von jener Seite. Wie schmeckt es?"
„Salzig."
„Nun probiere das Wasser aus der Mitte. Wie schmeckt es?"
„Salzig."
„Schaue noch einmal nach dem Salz und bringe es zu mir. Denn wenn du es schmeckst, muß es ja auch darinnen sein."
„So sehr ich mich auch bemühe: Ich sehe kein Salz. Ich sehe nur Wasser", sagte der Sohn
„In gleicher Weise kannst du die ewige Wahrheit nicht sehen. Aber sie ist da."

## 41. Aufbau des Herzens

Der Meister sagte: „Das Herz des Menschen besteht aus drei Teilen: Ein Teil gleicht einem Berg, den nichts bewegen kann. Ein Teil gleicht einem Baum, der fest verwurzelt ist und dessen Krone ab und zu der Wind bewegt. Und ein Teil gleicht einer Feder, die sich vom Wind in jede Richtung treiben läßt."

## 42. Geschenkt

Auf einen Stock gestützt, einen Fuß langsam vor den anderen setzend, schlurfte krumm und buckelig ein alter Mann daher. Ein junger Mann fragte, auf seinen gebogenen Rücken zeigend, im Scherz:

„O du ehrwürdiger Alter, wieviel hast du denn für diesen kleinen Bogen gezahlt, damit ich mir auch einen kaufen kann?"

Der Alte sagte: „Wenn du geduldig bist und mein Alter erreichen solltest, dann bekommst du ihn vielleicht sogar geschenkt."

## 43. Befreiung

Zwei Männer waren unterwegs zu einem fernen Ort. Der eine hatte keinen Pfennig in der Tasche, der andere besaß drei Goldstücke. Der Arme ging beherzt und furchtlos seinen Weg, denn er fühlte sich sicher. Auch an gefährlichen Plätzen schlief er ruhig und tief und wachte am Morgen ausgeruht und gestärkt auf. Der Besitzer der drei Goldstücke wagte aus Furcht vor Dieben nicht zu schlafen.

Eines Abends gelangten die beiden Wanderer an einen Brunnen. Dies war ein gefährlicher Ort zum Übernachten, denn viele Wege führten zu der Wasserstelle. Der Arme legte sich zum Schlafen nieder, doch der Besitzer der drei Goldstücke fing an zu jammern: „Du hast es gut, legst dich einfach hin und schläfst ein. Ich aber muß um mein Leben fürchten, denn dies ist ein gefährlicher Platz, und ich habe drei Goldstücke, die mich aus Furcht, überfallen zu werden, nicht schlafen lassen. Was soll ich nur tun?"

„Gib mir deine drei Goldstücke, und ich will dich von deiner Angst befreien", sagte der Arme. Er erhielt die drei Goldstücke und warf sie in den Brunnen. „Jetzt bist du deiner Furcht entkommen und kannst ruhig schlafen."

## 44. Zustände

Ein Meister ging mit seinem Schüler durch das Buschland, als auf einmal das Brüllen eines Tigers erscholl. Eiligst kletterte der Schüler auf einen Baum und jammerte um Rettung. Der Meister jedoch rollte seine kleine Matte auf der Erde aus und meditierte.

Der Tiger schlich näher, fauchte den Schüler auf dem Baume an und umstrich den Meister in seiner Versenkung. Dann legte er sich dem Meister gegenüber auf die Lauer und ließ ihn nicht aus den Augen. All die Abendstunden lag er da und rührte sich auch des Nachts nicht vom Fleck. Erst in den Morgenstunden schlich der Tiger sich davon.

Als die Sonne schon höher stand, beendete der Meister seine Meditation, und gemeinsam mit dem Schüler setzte er seinen Weg fort.

„Autsch!" schrie der Meister, als ihn eine Mücke stach.

Höchst verwundert sagte der Schüler: „Das finde ich schon erstaunlich: Gestern hattest du nicht die geringste Angst vor dem Tiger und heute schreist du auf wegen eines kleinen Mückenstichs."

Der Meister erwiderte: „Gestern war ich in der Versenkung. Heute bin ich wieder hier."

## 45. Freiheit

In schweren Ketten und aneinander gefesselt wurden dem Fürsten die neuen Sklaven vorgeführt. Mit gesenkten Köpfen standen sie da. Nur einer schaute fröhlich umher und sang dazu eine leise Melodie. Obwohl er immer wieder den Stock der Wärter zu spüren bekam, ließ er von seinem Singen nicht ab.

„Was ist mit dir, Mann? Wie kannst du in deiner Situation noch fröhlich sein?" fragte der Fürst.

„Warum nicht, Herr?" erwiderte der Sklave. „Sie haben doch nur meine Beine in Ketten geschlagen, mein Herz jedoch nicht!"

„Laßt den Mann frei", befahl der Fürst den Wärtern. „Bei ihm sind Ketten nutzlos."

## 46. Glück gehabt

Einem Bauern war das Pferd entlaufen. Statt seinen Verlust zu beklagen, lief er im Dorf herum und dankte Gott.

Man fragte ihn, wie er so fröhlich sein und Gott danken könne, da er doch sein bestes Pferd verloren habe.

„Nun, warum soll ich nicht dankbar sein? Wenn ich zufällig auf dem Pferd gesessen hätte, dann wäre auch ich seit drei Tagen verschwunden!"

## 47. Vorsätzlich

Ein Diener war enttäuscht, daß sein Herr ihm die erwartete Gunst nicht gewährt hatte. Bekümmert versuchte er, seinen Mißerfolg im Weine zu ertränken. Volltrunken beschimpfte er seinen Herrn.

Der ließ den Diener einsperren. Und als er wieder nüchtern war, ließ er ihn zu sich bringen, um ihm seine Strafe zu nennen.

Der Diener sagte: „O Herr, ich habe Böses getan, in dem Zustand, da ich ohne Besinnung war. Tue du aus Zorn nichts Böses in dem Zustand, da du bei Besinnung bist!"

Auf diese Worte hin verzichtete der Herrscher auf die Bestrafung und sagte: „Du bist ein guter Ratgeber in eigener Sache. Mögest du dich darum in Zukunft auch an deinen eigenen Worten messen."

## 48. Einfaches Mittel

Der Meister sagte: „Wenn das Gemüt heiter und ausgeglichen ist, wird sich nicht nur der Körper wohlbefinden, dann kann die ganze Welt glücklich werden. Doch jeder muß selbst entdecken, was ihn beglückt.

Der Wunsch, die Welt zu verändern, ohne seine eigene innere Wahrheit gefunden zu haben, gleicht dem Versuch, die Welt mit Leder zu überdecken, damit sich niemand an Dornen und spitzen Steinen verletze.

Es ist viel einfacher, Schuhe zu tragen."

## 49. Alles da

Der Meister sagte: „Es erstaunt mich immer wieder in höchstem Maße, daß sich die Menschen bemühen, die Wirklichkeit zu finden, ohne zu begreifen, daß sie doch selbst Wirklichkeit sind. Sie glauben, daß es eine verborgene Wirklichkeit gäbe und daß erst etwas zerstört oder verändert werden müsse, bevor diese verborgene Wirklichkeit zutage treten kann. Welch schwerwiegender Irrtum.

Es wird ein Tag kommen, an dem du über alle deine vergangenen Bemühungen lachen kannst. Und die Ursache, die dich eines Tages zum Lachen bringen wird, ist auch schon hier und jetzt vorhanden."

# III. Wie Leben gelingt

## 50. Ahnungslos

Ein Wahrsager saß auf dem Marktplatz inmitten der Leute und gab seine zukunftsweisenden Ratschläge. Da drängelte sich jemand zu ihm vor und rief, alle Türen seines Hauses ständen offen und all sein Hab und Gut sei geraubt worden. Laut schreiend sprang der Wahrsager auf und rannte zu seinem Haus.

Und die Menschen auf dem Markt sagten zueinander: „Was ist das für ein Wahrsager, der vorgibt, fremde Dinge vorauszuwissen? Er hat ja nicht einmal von dem eine Ahnung, was ihn selber angeht!"

## 51. Anstoß

In einem Dorf wohnte ein armer Mann mit seiner Frau. Beide waren bekannt für ihre Faulheit. Die Frau meinte oft, daß sie heute krank sei und nicht aufstehen könne, während sich der Mann noch nichtmals eine Entschuldigung für seine Faulheit einfallen ließ.

Die Felder der anderen Dorfbewohner waren wohl bestellt, auf den Feldern der beiden Faulpelze war jedoch nicht ein Korn zu finden. In den Ställen der anderen Dorfbewohner gedieh das Vieh, im Stall der Faulpelze scharrte noch nicht einmal ein Huhn, denn dort war nichts zu holen.

Eines Nachts drang ein Dieb, der sich in dem reichen Dorf gute Beute versprach, ausgerechnet in das Haus der Faulen ein. Er war überrascht, daß er im Schein seiner Lampe nur leere Wände und kahlen Boden sah. Irgend etwas war doch in jedem Haus zu holen, meinte er aus langer Erfahrung zu wissen. Doch es war nichts zu finden. „Was ist das nur für ein Haus, in dem es rein gar nichts zu holen gibt? Sonst rafft ein Hausherr doch alles zusammen, was seinen Wohlstand mehrt, aber hier gibt es ja wirklich nichts, als den sauren Geruch der Faulheit!" entfuhr es ihm in höchster Verwunderung.

Den Herrn des Hauses aber, der hinter dem Ofen in tiefem Schlaf lag, hatte dieser Ausruf des Erstaunens geweckt. „Ein Dieb! Ein Dieb!" rief er.

Doch der Dieb fuhr ihn ärgerlich an: „Warum hältst du Faulpelz nicht den Mund! Wie kann ich ein Dieb sein, wenn es hier nichts zu stehlen gibt. Der Dieb ist besser als du, denn er arbeitet wenigstens und kümmert sich um seine Angelegenheiten. Aber mir soll es egal sein, was aus diesem Haus wird. Hole ich mir eben in einem anderen Haus, was mir gefällt!"

Der Hausherr aber konnte nicht mehr einschlafen. Die ganze Nacht dachte er über die Worte des Diebes nach und war bald tief beschämt wegen seiner Faulheit. Seine Frau hatte von dem nächtlichen Zwischenfall, der ihr Leben verändern sollte, nichts mitbekommen. Als die Hähne krähten, weckte er sie aus ihrem Schlaf und schickte sie aufs Feld. Er selber begann, die Schäden am Haus zu reparieren.

Seit jenem Tag arbeiteten sie fleißig. Ihre Ernte war gut und ihre Armut hatte für immer ein Ende.

## 52. Alles nur Übung

Bei einer Belustigung am Hofe des Königs traten auch Harlekine, Gaukler und ein Zauberer auf. Ihre Kapriolen und Tricks begeisterten die Zuschauer, die Kunststücke des Zauberers verschlugen ihnen schier die Sprache. Der eifrigste Bewunderer war der König selbst. „Bravo! Unglaublich! Wunder über Wunder! Welch ein Genie!" rief der König immer wieder, und die meisten Mitglieder seines Hofes waren bemüht, die Begeisterung ihres Königs noch zu übertreffen.

Nur sein Minister glaubte, die Kunst des Zauberers ins rechte Licht rücken zu müssen und sagte zum König: „Hoheit, ich möchte Eure Begeisterung zwar nicht schmälern, aber bedenkt, alles was der Zauberer darbietet ist ein Erfolg seiner Übung und seines Fleißes und keinesfalls ein Wunder." Der König war aber so gar nicht in der Stimmung, sich belehren zu lassen. Ärgerlich zog er die Augenbrauen zusammen und herrschte seinen Minister an: „Was fällt dir ein, die Genialität dieses großartigen Zauberers klein zu reden. Übung, Fleiß, Ausdauer... bla, bla, bla. Es ist wie ich immer sage: Entweder man hat Talent oder man hat keines. Du hast jedenfalls kein Talent. Schafft ihn mir aus den Augen", befahl er seinen Dienern, „und werft ihn ins Verlies, den Kalbskopf, da hat er dann genügend Zeit, über meine Worte nachzudenken. Und gebt ihm gleich ein Kälbchen mit, dann hat der Kalbskopf jemanden, mit dem er sich unterhalten kann", fügte er mit boshaftem Witz hinzu.

Da fand der Minister sich plötzlich im Kerker wieder, nur weil er den Mund nicht hatte halten können, denn er wußte sehr wohl, daß es gefährlich war, Mächtige belehren zu wollen. Doch er haderte nicht lange mit seiner Situation, und er überlegte, wie er das Beste aus seiner Lage machen könne.

Als er das Blöken des Kälbchens vernahm, kam ihm eine Idee: Er versuchte, das Kälbchen hochzuheben. Als ihm das gelang, machte er aus dieser Übung ein regelrechtes Trainingsprogramm und trug das Kälbchen mehrmals täglich die zahlreichen Stufen, die in die Tiefen des Verlieses führten, hinauf und hinunter. Das Kälbchen wurde rasch größer, doch auch die Kräfte des Ministers wuchsen von Tag zu Tag.

Eines Tages mußte der König in einer äußerst schwierigen politischen Angelegenheit eine Entscheidung treffen. Alle seine Berater hatten keine rechte Antwort parat. Da entsann der König sich seines ehemaligen Ministers, der im Kerker schmachtete, und er ließ ihn zu sich holen. Als der Minister den Thronsaal betrat, fielen dem König vor Erstaunen erst das Kinn herunter und dann fast die Augen aus dem Kopf, denn der Minister trug auf ausgestreckten Armen einen leibhaftigen Stier vor sich her.

„Welch ein Wunder! Welch ein Genie!" rief der König aus, dessen Verwunderung grenzenlos war.

Der Minister stellte den Stier vor dem Thron des Königs ab und sagte mit einer leichten Verbeugung: „Wie ich bemerkte, Eure Hoheit, es ist noch kein Meister vom Himmel gefallen. Diesen Stier gabt Ihr mir einst als Gefährten mit in die Kerkerhaft. Daß ich so kräftig wurde, ihn tragen zu können, ist nur die Folge meines Fleißes, meiner Übung und meiner Ausdauer."

## 53. Erholsamer Schlaf

Ein König war wegen seines Jähzorns und der grausamen Härte von allen Mächtigen des Landes und vom ganzen Volk gefürchtet. Er wußte sehr wohl, daß er nicht beliebt war, doch meinte er, sein großes Reich nur mit der Knute statt mit dem Zepter regieren zu können. Dennoch nahm er an der alljährlichen Wallfahrt zum Heiligtum des Landes teil, denn die Staatsräson schrieb dies so vor für alle Zeiten.

Nach den Feierlichkeiten fragte der Herrscher den obersten Würdenträger des Heiligtums: „Sag mir, welche Art der Gottesverehrung ist deiner Meinung nach die beste?"

Der Fromme dachte nicht lange nach. Wohl wissend, was ihn auf Grund seiner Antwort erwartete, schaute er dem Herrscher direkt in die Augen und sagte: „Für dich, mein König, ist die beste Art der Gottesverehrung dein Mittagsschlaf. Denn dann kann dein Volk für ein, zwei Stündchen aufatmen und sich von dir erholen. Weil du schläfst, werden Tausende Gott danken. Was kannst du besseres wollen?"

## 54. Geheimnis

Ein Meister der Kampftechniken war nach vielen Jahren des Studiums und Übens zur höchsten Stufe der Vollendung in allen Kampfarten gelangt und war berühmt weit über die Grenzen seines Landes hinaus. Zahlreich waren die Herausforderer, die von überall her anreisten, um sich mit ihm zu messen. Aber nie gelang es einem, ihn zu besiegen. Zahlreich waren auch die Schüler, die von ihm lernen wollten. Einer von ihnen war ein Jüngling, der dem Meister nicht nur wegen seiner Kraft und Schönheit auffiel, sondern auch wegen der angeborenen Geschmeidigkeit seiner Bewegungen, die sein großes Talent für den Kampfsport erahnen ließen.

Der Meister hatte den Jüngling bald ins Herz geschlossen. Er, der in seinem Leben schon viele Kämpfer gesehen hatte, erkannte die besonderen Fähigkeiten des Jungen sofort und beschloß, ihn nach Kräften zu fördern. Mit den Jahren lehrte er ihn auch die geheimen Techniken. Er meinte sogar, daß der Schüler vielleicht eines Tages sein Nachfolger werden könne. Doch dem Schüler stieg die bevorzugte Schulung durch den Meister allmählich zu Kopf. Zwar wurde er von den anderen Schülern – nun, da er selbst ein Meister geworden war – mit Hochachtung behandelt. Doch nahm er diese Hochachtung für selbstverständlich, ja, er meinte sogar, daß diese besondere Wertschätzung ihm auch zustünde. Vor lauter Eitelkeit begann er, immer deutlicher mit seinen Fähigkeiten zu prahlen.

Eines Tages brüstete er sich in Gegenwart des Königs mit der Behauptung, daß er seinem Meister längst ebenbürtig sei und diesen an Kraft und Beweglichkeit ohnehin übertreffe. Da nahm ihn der König beim Wort, denn er versprach sich ein großartiges sportliches Ereignis von dem Kampf dieser beiden berühmten Gegner. Er legte sofort den Tag und die Stunde fest, da die beiden hervorragendsten Kämpfer des Landes ihre Fähigkeiten miteinander messen sollten.

Als der Tag kam, war die Arena bis auf den letzten Platz besetzt. Die Zuschauermeinung über den Ausgang des Kampfes war uneinheitlich: Die einen meinten, der Meister sei noch nie besiegt worden und werde auch jetzt nicht besiegt werden können; die anderen waren der Ansicht, was dem Herausforderer an Reife fehle, habe er an Flinkheit und Beweglichkeit dem Alten voraus. Der mächtige Gong ertönte, und der Schüler stürmte mit Kraft und Energie auf den alten Meister zu, als wolle er ihn wie ein wütender Stier auf die Hörner nehmen und ihn aus der Arena schleudern. Der Alte aber blieb ganz gelassen stehen, und ein Entsetzensschrei ging durch die Menge. Doch der Meister rührte sich nicht. Er wußte, daß der Gegner, dem er selbst alles gelehrt hatte, ihm aufgrund seiner Jugend zwar in einigen Dingen überlegen war, nicht jedoch an Selbstbeherrschung und Erfahrung. Jetzt, im Augenblick des Kampfes, galt es, den einzigen Trick in Vollendung anzuwenden, den er seinem Schüler bisher verheimlicht hatte.

Als dieser nun auf seinen Meister losstürmte, sah er sich plötzlich von der Kraft des eigenen Ansturms ergriffen durch die Luft wirbeln und krachend auf dem Rücken landen. Der Meister hatte sich scheinbar nicht bewegt. Schon stellte er mit der Gebärde des Siegers leicht den Fuß auf des Schülers Brust.

Da brach ein unbeschreiblicher Jubel los, und alle sprangen vor Begeisterung von ihren Sitzen.

Der König überreichte dem Meister ein prächtiges Ehrengewand und eine hohe Belohnung. Den Schüler jedoch überhäufte er mit Spott für seine Überheblichkeit. „Jetzt erkennst du hoffentlich den wahren Meister. Wie konntest du nur so arrogant und selbstgefällig sein, den Meister herauszufordern?"

„Majestät, der Meister hätte mich im offenen Kampf der Kräfte nie besiegen können. Er hat gelogen, wenn er behauptet, mich alles gelehrt zu haben, was er weiß. Er hat mich hereingelegt mit einem Trick, den er mir verheimlichte. Und deshalb hat er mich besiegt."

„Das stimmt schon", sagte der Meister, „doch auch dieser Kampf lehrt eine entscheidende Lektion der Ausbildung: Gib nie einem anderen so viel Macht, daß er dich als Gegner in der Schlacht besiegen kann! Denn wer weiß schon, wer morgen dein Gegner sein wird, vielleicht sogar der Schüler, den du über alles geliebt hast."

## 55. Schäfer und Schafe

Immer wenn der Herrscher seine Residenz verließ, eilte ihm ein Bote voraus, der die Mitglieder des Volkes aufforderte, sich das Haupt zu verhüllen und zu Boden zu neigen. So war es von alters her Sitte in dem Land, und niemandem fiel es ein, dagegen zu verstoßen, denn die Schergen bestraften Unbotmäßigkeiten gegen den Herrscher unerbittlich.

Eines Tages führte der Weg den Herrscher samt Gefolge an der Klause eines Eremiten vorbei. Der Einsiedler saß meditierend unter einem Baum und kümmerte sich nicht im geringsten um die Reiterei, die da vorüberzog. Der Herrscher war über eine solche Respektlosigkeit seines Untertanen empört und äußerte sich deutlich über die Unverfrorenheit des Gesindels, das nicht arbeitete, im Schatten herumlungerte und es auch noch an nötigem Respekt fehlen ließ.

Dem Hauptmann der Gefolgschaft waren die Äußerungen seines Herrn peinlich, denn er wußte wohl, daß dies die Klause eines heiligen Mannes war, der der Welt entsagt hatte, und nicht etwa die Hütte eines Nichtsnutzes. Er ritt zu dem Eremiten hin und versuchte, ihn umzustimmen. „Sag mir, ehrwürdiger Alter", redete er ihn an, „warum hast du die Sitte des Landes verletzt und den Herrscher nicht mit dem ihm gebührendem Respekt begrüßt?"

„Geh und sag deinem Herrn, er solle Unterwürfigkeit und Demut von denen erwarten, die Gnade und Geschenke von ihm erhoffen. Und zu denen zähle ich mich nicht. Außerdem sind Kaiser und Könige dafür da, das Volk zu behüten, und Aufgabe des Volkes ist es nicht, vor der Obrigkeit im Staube zu liegen. Denn die Schafe sind nicht für den Schäfer da, sondern der Schäfer für die Schafe."

Nachdem dem Herrscher diese Worte mitgeteilt worden waren, erkannte er die Weisheit des Eremiten und ging selbst zu ihm. Er bat ihn, einen Wunsch zu nennen, damit er ihn erfüllen könne. Doch der Eremit sagte nur: „Geh du deines Wegs und laß mich für immer in Ruhe."

„Dann gib du mir wenigstens einen Rat mit auf den Weg", drängte der Herrscher.

„So wisse denn, daß dir und deinesgleichen die Macht nicht gehört. Im Tode wirst du sie weitergeben, und im Tode sind Könige und Knechte eins. Es gibt keinen Unterschied."

Danach sagte er keinen Ton mehr und zog sich zurück in innere Versenkung.

## 56. Zielstrebig

Ein ehrgeiziger Mann kam zum Meister und klagte, daß alle seine guten Ideen und all seine Bemühungen am Ende doch fruchtlos geblieben sind. Der Meister fragte ihn: „Was heißt: am Ende? Ist es nicht nur das Ende deiner Geduld, das dich am Erfolg deines Bemühens hindert?
Ich will dir darum die Geschichte von der Schnecke erzählen:

An einem grauen und regnerischen Frühlingstag kam eine Schnecke auf den Gedanken, daß es statt des Frühgemüses noch etwas anderes geben müsse, das ihr schmecken würde. So machte sie sich auf den Weg und kroch den Kirschbaum hinauf.

Die Spatzen konnten sich vor Lachen über ihr Bemühen kaum auf den Zweigen halten. Einer von den frechen Vögeln hatte wohl Mitleid mit ihr, flog auf sie zu und fragte: ‚Was willst du denn hier? Siehst du denn nicht, daß der Baum noch gar keine Früchte trägt?'

‚Naja', erwiderte die Schnecke, ‚selbstverständlich weiß ich, daß der Kirschbaum jetzt noch keine Früchte trägt – aber bis ich oben bin, wird er welche haben!' Und beharrlich kroch sie weiter."

## 57. Erleuchtung

Zu einem berühmten Kendo-Meister kam eines Tages ein junger Mann. Er bat den Meister, ihn als seinen Schüler aufzunehmen und ihn das Geheimnis des Schwertweges zu lehren.

Der Meister wies seinen neuen Schüler an, jeden Tag im Wald eine bestimmte Menge Holz zu schlagen und aus dem Fluß eine bestimmte Menge Wasser zu schöpfen. Tag für Tag erledigte der Schüler seine Arbeiten, drei Jahre lang. Dann sagte er zum Meister: „Vor drei Jahren habt Ihr mich als Euren Kendo-Schüler angenommen. Aber bis heute habe ich noch kein Schwert in den Händen gehalten, statt dessen immer nur die Axt und den Schöpfeimer."

Daraufhin führte der Meister den Schüler in einen großen Raum, der mit zahlreichen Reisstrohmatten ausgelegt war. „Nun bewege dich frei im Raum umher, doch stets so, daß du die dunkel eingefaßten Kanten der Tatami-Matten nicht übertrittst."

Das war keine geringe Schwierigkeit für den jungen Mann, doch nach einem Jahr täglichen Übens erfüllte er die Aufgabe perfekt.

Doch wieder regte sich sein Unmut über die seltsamen Ausbildungsmethoden des Meisters. Er ging zu ihm und wollte seinen Abschied nehmen. „Den Weg des Schwertes wollte ich von Euch lernen, doch bis heute habe ich es nicht weiter gebracht, als Euer Holzfäller, Wasserträger und Kantenläufer zu sein."

„Du hast durchaus recht", sagte der Meister. „Wir wollen darum prüfen, ob du für die höchste Unterweisung bereit bist." Der Meister führte seinen Schüler ins Gebirge und an den Rand eines schwindelerregenden Abgrunds. In der Tiefe toste ein Wildwasser, und nur ein dünner Baumstamm überquerte die Schlucht. Mit einer Handbewegung wies der Meister auf den dürftigen Steg und forderte den Schüler auf: „Geh da hinüber!"

Doch die Furcht vor der Gefahr und der Schwindel vor der schrecklichen Tiefe ließen den Schüler wie gelähmt verharren. Keinen Schritt ging er vorwärts.

Wie es der Zufall wollte, kam in diesem Augenblick ein Blinder des Weges. Freundlich grüßend und mit seinem Stock tastend ging er unverzagt über den behelfsmäßigen Steg und entschwand ihren Blicken zwischen den Bäumen auf der anderen Seite.

Da erwachte der Schüler aus seiner Erstarrung, und leichtfüßig folgte er dem Fremden über den Abgrund nach.

Der Meister rief hinüber: „Nun komme wieder zurück, damit ich nicht so schreien muß." Und als der Schüler wieder bei ihm war, sagte er: „Jetzt hast du das Geheimnis der Schwertkunst gemeistert: Das Ich aufgeben und den Tod nicht fürchten. Holzhacken und Wasserholen haben deine Muskeln und deine Ausdauer trainiert. Beim Kantenlaufen hast du die Präzision deiner Bewegungen vervollkommnet. Und soeben hast du das Geheimnis verstanden. Wenn du in dieser Harmonie lebst und dich ständig weiter darin übst, sie immer mehr zu erkennen, wird dich niemand besiegen."

## 58. Durchhalten

Ein Schüler war mit dem Erfolg seiner Übungen unzufrieden. Da erzählte der Meister ihm folgende Geschichte:
„Einem Schüler war als ständige Regel gesagt worden: Wer sucht, der findet; und wer anklopft, dem wird aufgetan. Eines Tages setzte er sich in den Kopf, die Wahrheit dieser Regel zu prüfen. Er ging an den Hof des Königs, und als man ihn wegen seiner Hartnäckigkeit endlich vorgelassen hatte, redete er gar nicht lange um den heißen Brei herum, sondern erbat freiweg die Tochter des Königs zur Gemahlin.

Wäre der König nicht ein so gütiger Herrscher gewesen, hätte er den Hitzkopf vielleicht wegen Majestätsbeleidigung einsperren lassen. So aber verlangte er von dem Jüngling, er solle den kostbaren Ring wiederbringen, der seiner Tochter während einer Flußpartie im letzten Jahr ins Wasser gefallen war. Wenn er ihn wiederbrächte, sei die Hand seiner Tochter für ihn bestimmt.

Ermutigt durch diese Zusage ging der Schüler ans Werk. Nur mit seinem Trinkbecher als Hilfsmittel machte er sich daran, den Fluß auszuschöpfen. Das tat er unverdrossen siebzig Tage lang, obwohl sich ihm der Erfolg nicht zeigen wollte. Die Fische im Fluß begannen unruhig zu werden. Sie kamen zusammen und hielten Rat. ‚Was will denn der Mensch?' fragte der Älteste der Fische. ‚Den Ring der Prinzessin, der seit letztem Jahr im Schlamm des Flusses liegt.'

‚Ich rate euch dringend, liefert ihm den aus', empfahl der Alte, ‚denn wenn er den unumstößlichen Willen und den festen Vorsatz hat, wird er eher den Fluß ausschöpfen, als von seinem Vorhaben abzulassen!'

Die Fische fürchteten, aufs Trockene zu kommen und warfen den Ring in den Becher des Schülers. Freudestrahlend brachte er ihn dem König. Der war sehr überrascht und bewunderte, mit welcher Hartnäckigkeit der junge Mann sein Ziel verfolgt hatte. ‚Gern halte ich mein Versprechen ein und gebe dir meine Tochter zur Frau.' Und sie feierten ein rauschendes Hochzeitsfest.

Du siehst: Es kann viel, wer viel will!" schloß der Meister.

## 59. Enthaltsam

*E*inem Mann wurde ein Garten zur Bewachung anvertraut. An den zahlreichen Obstbäumen reiften die herrlichsten Früchte.

Eines Tages bat ihn der Besitzer des Gartens um einen Korb süßer Äpfel. Der neue Bewacher pflückte einen Korb voll Äpfel ab und brachte sie seinem Herrn. Doch als dieser die Äpfel versuchte, waren sie sauer.

Ein wenig verärgert verlangte der Besitzer nach neuen, diesmal süßen Äpfeln. Aber auch dieses Mal waren sie sauer.

Da tadelte der Besitzer den Mann, daß er nun schon so lange in seinem Garten arbeitete, doch scheinbar immer noch unfähig sei, süße Äpfel von sauren zu unterscheiden.

„Wie soll ich wissen, wie deine Äpfel schmecken, da ich doch nur der Bewacher deines Gartens bin?" sagte der Mann.

## 60. Schutzwall

Ein Bürgermeister schrieb an den Herrscher: „Die Stadtmauern sind verfallen. Es ist zu unserer Sicherheit dringend nötig, sie wieder aufzubauen und zu reparieren. Wie lauten deine Befehle?"

Der Herrscher schickte folgende Antwort: „Gib deiner Stadt eine Mauer aus Gerechtigkeit. Reinige ihre Straßen von Furcht und Bedrückung. Dann besteht kein Bedarf nach Mauern aus Granit."

# IV. Wege zu dir

## 61. Nutznießer

Zwei Reisende gingen den selben Weg und machten nach einiger Zeit Rast unter einem Baum. Der eine von ihnen fand einen Beutel mit Geld, den jemand dort verloren hatte. Da gab ihm der andere, der nichts gefunden hatte, den Rat, nicht zu sagen: „Ich habe", sondern: „Wir haben das Geld gefunden."

Als sie ihren Weg einige Zeit fortgesetzt hatten, kamen ihnen im Eilschritt Leute entgegen, die das Geld unter dem Baume vergessen hatten.

Da rief der, der das Geld gefunden hatte, seinem Reisegefährten zu: „Hilfe, wir sind verloren!"

Der Gefährte aber entgegnete: „Sage besser: ‚Ich bin' und nicht: ‚Wir sind verloren!'; denn als du den Beutel fandest, hast du auch gesagt: ‚Ich habe' und nicht: ‚Wir haben gefunden.'"

Und mit diesen Worten nahm er Reißaus.

## 62. Gut gemeint

Einst hatte ein Mann einen Bären aus einer Falle befreit. Aus lauter Dankbarkeit lief nun der Bär ständig hinter seinem Befreier her, als müsse jetzt er ihn beschützen.

Eines Tages wurde der Mann schwer krank. Sein Nachbar kam, um ihm zu helfen. Als er jedoch den Bären in der Ecke sitzen sah, erschrak er sehr und riet dem Kranken, nur ja nicht mit einem tolpatschigen und unberechenbaren Bären alleine im Zimmer zu bleiben.

Doch der Kranke war an den Bären gewöhnt, kümmerte sich deshalb auch nicht um die Mahnung des Nachbarn, sondern schlief gleich wieder ein. Der Bär aber saß am Krankenbett und bewachte seinen Schlaf.

Da kam eine dicke Fliege geflogen und setzte sich dem Kranken aufs Gesicht. Tatzenwedelnd vertrieb der Bär die lästige Fliege einige Male, doch hartnäckig und uneinsichtig wie Fliegen sind, kam sie immer wieder zurück und setzte sich dem Kranken auf die Nase.

Nun griff der Bär im wahrsten Sinne des Wortes zu härteren Maßnahmen, um der lästigen Fliege den Garaus zu machen. Er nahm einen dicken Stein von der Feuerstelle und schleuderte ihn auf die winzige Fliege. Das hatte Erfolg: Der Stein tötete die Fliege – und den Mann.

Was uns beweist, daß unzuverlässige Freundschaft gefährlicher sein kann als Feindschaft.

## 63. Halbe-halbe

Ein Vater hinterließ nach seinem Tode seinen drei Söhnen einen Bullen und eine Kuh. Der älteste Bruder beanspruchte den Bullen für sich, weil er meinte, daß ihm der als Erstgeborenem auch zustehe. Die beiden anderen Brüder mußten also sehen, wie sie ihre Ansprüche auf eine Kuh verteilten.

Der zweitälteste Bruder war von schlichtem Gemüt, der jüngste aber recht gewitzt. Der jüngste sagte zu seinem mittleren Bruder: „Also, da uns nur die eine Kuh bleibt, müssen wir sie unter uns aufteilen. Dir, als dem älteren von uns beiden, steht zweifellos das Haupt der Kuh zu, während ich mich mit dem hinteren Teil der Kuh begnügen werde."

Dem mittleren Bruder leuchtete der Vorschlag ein, und er war mit der Teilung einverstanden. Als Anteilseigner des vorderen Teils der Kuh kümmerte er sich fortan darum, daß die Kuh immer genügend Wasser und Futter bekam. Der jüngere Bruder aber hatte dieses Mühen nicht, denn er war nun der Herr der Milch und des Mistes.

So verging einige Zeit. Der ältere Bruder mühte sich ab, erhielt jedoch nichts für seine Mühen. Der jüngere Bruder aber hatte den Gewinn von der Arbeit des anderen. Keine einzige Kanne Milch und nicht eine Fuhre Mist gab er dem Bruder ab. Den verdroß dies natürlich sehr, und er mußte sich von seinem kleinen Bruder sogar noch grinsend sagen lassen, er habe die Teilung der Kuh schließlich so gewollt.

Da sann der mittlere Bruder auf Abhilfe und fragte einen alten und geachteten Bauern in seinem Dorf um Rat. Dem war die Durchtriebenheit des jüngsten Bruders natürlich schon zu Ohren gekommen. Und so riet er dem mittleren Bruder: „Immer, wenn dein jüngerer Bruder sich hinsetzt, um die Kuh zu melken, mußt du sie irgendwie erschrecken. Dann wird sie vor Schreck keine Milch mehr geben. Alles weitere wird sich finden."

Schon am gleichen Abend, als sein Bruder sich eben zum Melken hingesetzt hatte, trat er hinzu, versetzte der Kuh mit einem Stock ein paar Hiebe aufs Maul und schrie dazu: „Du sollst richtig fressen! Was machst du denn mit dem Futter?"

Die Schläge und das Geschrei verschreckten die Kuh derart, daß sie keine Milch gab. Und so geschah es von nun an jedes Mal, wenn der jüngere Bruder die Kuh melken wollte. Die Kuh zerrte am Strick und trat mächtig aus. Melken konnte sie der Bruder nicht mehr.

Da sah der durchtriebene kleine Bruder, daß er seinen Meister gefunden hatte, und mußte schließlich zähneknirschend einwilligen, das Wasser und das Futter, aber auch die Milch und den Mist redlich mit dem älteren Bruder zu teilen.

## 64. Der Weg des Wortes

Ein König, der für seine Weisheit und Gerechtigkeit weit über die Grenzen seines Landes hinaus berühmt war, wollte seinen Sohn prüfen, den die besten und weisesten Lehrer des Landes, die ruhmreichsten Kämpfer und die begnadetsten Künstler erzogen hatten.

Auf seine geheimen Anweisungen hin hatte ein geschickter Handwerker drei Köpfe anfertigen lassen, die einander vollkommen gleich waren. Diese überreichte er seinem Sohn und sagte dazu: „Nenne mir innerhalb von drei Tagen den Wert dieser Köpfe. Wenn du das vermagst, werde ich dich binnen Jahresfrist zu meinem Nachfolger ernennen; weißt du aber den Wert dieser Köpfe nicht zu bestimmen, schicke ich dich so lange in die Verbannung, bis dein Geist geläutert ist."

Das war eine außerordentlich schwere Prüfung. Stundenlang drehte der Prinz die Köpfe hin und her, maß sie, wog sie, versuchte es mit Feuer und Wasser, doch er kam der Antwort keinen Schritt näher. Dann befragte er seine Lehrer, aber am Ende des ersten Tages gaben sie verzweifelt auf, und er war so klug wie zuvor. Am nächsten Tag befragte er die Heerführer und Kämpfer; doch denen fiel nichtmal eine einzige mögliche Antwort ein, und am Ende des Tages war er so klug wie zuvor. Am dritten Tag setzte er seine Hoffnungen auf die reiche Phantasie der Künstler, doch alle ihre Ideen brachten keine Lösung. Am Abend war er sehr verzweifelt, denn mehr noch als die Verbannung fürchtete er die Schande und die enttäuschten Erwartungen. In der Dämmerung setzte er sich an das Ufer des Meeres und ging mit sich zu Rate, ob er nicht im Meer seinen Tod finden solle, um seiner Verzweiflung zu entgehen. Zwar wußte er des Rätsels Lösung nicht, aber er vertraute auf seinen Glauben. Denn wenn ihm die besten Menschen nicht helfen konnten, dann konnte nur noch Gott helfen.

Nicht wissend, ob er schlief oder wachte, vermeinte er mit einem Mal das Gelächter von zwei Möwen zu hören, die auf einem nahen Felsen saßen. „Der arme Tropf", lachte die eine Möwe, „jetzt hat er so viel studiert und kann doch die einfache Lösung nicht finden." „Du Angeber tust gerade so, als wenn du das Geheimnis der drei Köpfe kennen würdest", spottete die andere Möwe. „Nichts leichter als das!" „Ach, du spielst dich ja nur auf; in Wirklichkeit weißt du gar nichts!" „Also gut! Ich verrate aber nur soviel, daß du daran erkennst, daß ich die Lösung weiß: Wenn der schöne Jüngling dort sich an einen der wichtigsten Grundsätze erinnern würde, der da heißt: ‚Reden ist Silber und Schweigen ist Gold'; und wenn er außerdem noch das kleine Loch im rechten Ohr eines jeden Kopfes bemerken würde, dann hätte er das große Rätsel praktisch gelöst!" „Das denkst du dir doch nur aus", erwiderte die andere Möwe. „Gut, dann wollen wir morgen auf das Fenstersims der königlichen Audienzhalle fliegen. Und wenn der schlafende Jüngling das Rätsel lösen kann, wirst du ja sehen, ob ich recht hatte."

Verwundert rieb der Prinz sich die Augen. Hatte er geträumt? – Er wußte es nicht. Da fielen ihm die Stimmen wieder ein, die er vermeinte, gehört zu haben. „Und wenn es nur der Strohhalm ist, der mich vor dem Ertrinken rettet", sagte er sich, „das will ich sofort überprüfen!"

Am nächsten Morgen waren alle Würdenträger des Reiches in der Audienzhalle versammelt, und auch die zwei Möwen saßen auf dem Fenstersims. „Nun, mein Sohn, weißt du den Wert der drei Köpfe?" „Ich glaube, eine Antwort zu wissen", entgegnete der Prinz und betrachtete die Köpfe von allen Seiten. „Bring mir ein Stück Silberdraht", befahl er einem Diener. Der Prinz führte den Silberdraht in das Löchlein des rechten Ohres im ersten Kopf ein. Er bewegte den Silberdraht hin und her, doch er kam nirgends zum Vorschein.

„Dieser Mensch ist sehr verschlossen. Was man ihm sagt, ist bei ihm gut aufgehoben; er verrät nichts. Ein solcher Mensch ist unbezahlbar." Dann nahm er den zweiten Kopf hoch, steckte den Silberdraht ins Ohrloch, bewegte den Draht ein wenig und das andere Ende kam zum Mund wieder heraus.

„Dieser Mensch ist ein wenig leichtgläubig. Was ihm zum Ohr reingeht, geht ihm zum Mund wieder heraus. Er ist seinen Lohn wert, so wie die meisten Menschen." Nun nahm er auch den dritten Kopf in die Hand, führte den Silberdraht in das Ohrloch ein, doch kaum hatte er den Draht etwas bewegt, da erschien die Spitze auch schon im Mund, dann in der Nase, in den Augen und sogar zum anderen Ohr hinaus.

„Dieser Mensch ist unzuverlässig. Er taugt gar nichts, denn er kann nicht das geringste Geheimnis für sich behalten; er ist keine zwei Pfennig wert!"

Der König war mit diesen Antworten seines Sohnes sehr zufrieden und ernannte ihn zu seinem Nachfolger.

## 65. Bruderliebe

Zwei Brüder bewirtschafteten jeder sein Erbe, das ihnen ihr Vater in zwei gleich großen Teilen an Wiesen und Äckern hinterlassen hatte. Der ältere Bruder war verheiratet und hatte bereits zwei Söhne, während der jüngere Bruder noch Junggeselle war. Sie lebten in Frieden und brüderlicher Eintracht zusammen, und kein Zwist war zwischen ihnen.

Zur Zeit der Ernte füllten die Korngarben ihre Scheunen bis unters Dach, und beide Brüder waren dankbar und zufrieden. Eines Nachts kam dem jüngeren Bruder der Gedanke, daß er doch ein sehr selbstsüchtiger Mensch sei. Er müsse keine Familie ernähren, brauche sich nur um sich selbst zu kümmern, während sein Bruder bereits Kinder großzog und für eine vierköpfige Familie zu sorgen hatte. Da beschloß er, soviele Garben, wie er nur tragen konnte, heimlich nachts in die Scheune seines Bruder zu bringen.

Doch auch den älteren Bruder plagten Zweifel, und er meinte, doch sehr selbstsüchtig zu handeln, wenn er sein Los mit dem seines kleinen Bruders verglich: Er hatte eine glückliche Familie, eine gute Frau, die sich um alles kümmerte, ihn und die Kinder umsorgte. Sein Bruder hingegen ging ganz allein durchs Leben. Um ihn würden sich im Alter keine zwei Söhne sorgen. Außerdem würden seine Söhne bald zum Auskommen der Familie beitragen. Also sei es doch nur gerecht, wenn er dem Bruder heimlich des Nachts soviele Garben in die Scheune bringe, wie er tragen könne.

Am nächsten Morgen zählte der jüngere Bruder seine Korngarben und staunte nicht schlecht, als ihm nicht ein Körnchen fehlte. Auch der ältere Bruder zählte seine Korngarben und rieb sich verwundert die Augen, denn auch ihm fehlte nicht ein Körnchen. Sie konnten nicht glauben, was sie sahen, und deshalb trugen sie heimlich noch manche Garbe in die Scheune des anderen hinüber, doch nie hatte einer von ihnen ein Körnchen zu wenig.

Doch eines Nachts, als jeder von ihnen wieder mit so vielen Korngarben im Arm beladen war, wie er nur tragen konnte, stießen sie auf dem Weg zur Scheune des Bruders zusammen. Als sie sich von ihrem Schreck erholt und einander erkannt hatten, liefen ihnen die Tränen aus den Augen, und sie fielen sich in die Arme. Ohne ein Wort zu sagen, verstanden sie, warum ihnen niemals eine Garbe gefehlt hatte.

## 66. Siegerinnen

Ein Sultan hatte zwei wunderschöne Frauen, die er beide gleich liebte. Und auch sie waren ihm herzlich zugetan. Um seine Liebe kundzutun, ließ er von dem besten Goldschmied des Landes zwei kostbare Halsketten anfertigen, die einander vollkommen gleich waren. Nach Stunden voller Zärtlichkeit schenkte er sie seinen Frauen, jeweils verbunden mit der Bitte, der anderen nichts davon zu erzählen. Natürlich schmeichelte das ihrer Eitelkeit, denn ein wenig Rivalität schlummerte doch in ihren Herzen.

So kam es, daß die Frauen den Sultan eines Tages mit der Frage bedrängten: „Nun sage uns doch, wen von uns begehrst du am meisten!" „Aber meine Geliebten, solche Fragen führen nur zu Enttäuschung und Unfrieden. Ich liebe euch beide mit der ganzen Glut meines Herzens." „Nein", erwiderten die Frauen wie aus einem Mund. „Wir wollen es jetzt wissen: Wer von uns ist deine heimliche Favoritin?"

So sehr der Sultan aus Klugheit und Menschenkenntnis auch versuchte, der Beantwortung dieser Frage zu entgehen, mußte er schließlich doch nachgeben und sagte mit leiser Stimme: „Nun gut! Ihr habt es so gewollt. Ich sage euch die Wahrheit, und ihr müßt die Wahrheit akzeptieren und dürft mich nie wieder mit dieser Frage bedrängen. Versprecht ihr das?"

Bebend vor Erwartung schworen die Frauen Einverständnis und Frieden, und der Sultan flüsterte: „Diejenige, der ich die goldene Kette schenkte, die liebe ich am meisten." Die Frauen strahlten sich an, denn jede wußte nun, daß sie den Wettstreit gewonnen hatte.

## 67. Die rechte Würze

Von dem persischen Schah Anuschirwan, der für seinen beispielhaften Gerechtigkeitssinn berühmt war, erzählt Scheich Saadi folgende Begebenheit:

Einmal war Anuschirwan, der Gerechte, mit kleinem Gefolge zur Jagd ausgeritten. Zur Essenszeit lagerten sie im Schatten, und Diener bereiteten ihrem König ein Stück Wildbret. Goldbraun briet das Fleisch am Spieß, als einer der Köche bemerkte, daß sie auch nicht ein Körnchen Salz zum Würzen des Fleisches mitgebracht hatten. Sie wühlten ihre Gerätschaften um und um, doch schließlich mußten sie ihrem Herrscher kleinlaut gestehen, welches geringe Versäumnis nun zu einer wichtigen Frage geworden war: Wo sollten sie hier draußen Salz hernehmen?

Doch der König wußte Rat: Er befahl einem jungen Mann aus seinem Gefolge, zu dem einsam gelegenen Dorf zu reiten, dessen Rauch von den Herdfeuern er in der Ferne erspäht hatte, und dort um etwas Salz zu bitten. „Denn wo gekocht wird, ist meistens auch Salz vorhanden", sagte er. Schon schwang sich der Reiter aufs Pferd, als König Anuschirwan ihm nachrief: „Und vergiß ja nicht, für das Salz auch zu bezahlen! Denn falls du nicht bezahlen solltest, könnte dein Beispiel Schule machen, und um die Zukunft des Dorfes wäre es dann schlecht bestellt."

Die Gefolgsleute horchten auf, als ihr König seine Aufforderung, das bißchen Salz auch unbedingt zu bezahlen, mit solch düsteren Mahnungen untermauerte. Einer von ihnen fragte: „Was ist denn so schwerwiegend, daß du ihn so sehr ermahnst? Es geht doch nur um ein paar Krümel Salz. Was sollen denn daraus für Katastrophen entstehen können? Bitte erkläre uns deine Rede, Herr!"

„Das ist nicht so schwer zu verstehen, wenn man bedenkt, daß kleine Ursachen oft eine große Wirkung zur Folge haben können.

Alles entsteht aus Kleinem: der mächtigste Baum aus einem winzigen Samen, Kriege aus einem falschen Wort. Am Anfang ist die Ungerechtigkeit in der Welt nur gering gewesen. Dann wurde von jedem und von Generation zu Generation ein wenig Unrecht hinzugefügt. Und heute schon ist das Übel so riesengroß, daß die Klagen kein Ende nehmen. Darum seid darauf bedacht, daß das Unrecht in der Welt durch euch nicht vermehrt werde. Denn so geht es doch zu in der Welt: Wenn ich einem Bauern ohne Erlaubnis einen Apfel nehme, glaubt sich ein jeder meiner Gefolgschaft berechtigt, sich auch einen Apfel zu nehmen, also gleich die ganze Ernte. Nehme ich mir unerlaubt ein Ei, führt mein Vorbild zum Tod von tausend Hühnern. Versteht ihr nun, warum ich darauf bestand, daß er das Salz nicht einfach nehmen, sondern dafür ordnungsgemäß bezahlen solle?"

## 68. Freundlichkeit

Der Meister wurde von einem Schüler gefragt, wie er es schaffe, immer so freundlich im Umgang mit anderen zu sein. „Wer hat es dich gelehrt, und was muß ich beachten, wenn ich dir nacheifern will?" fragte der Schüler.

„Nicht ein Lehrer hat mich unterrichtet, sondern viele Lehrer haben mir die Freundlichkeit beigebracht, und ich lerne immer noch. Denn meine Lehrer waren die Unhöflichen. Ich habe mir stets gemerkt, was mir am Benehmen anderer Menschen mir gegenüber mißfallen hat – und dann habe ich mich bemüht, dieses Verhalten meinen Mitmenschen gegenüber zu vermeiden. So einfach ist das und doch so hilfreich."

## 69. Der Brückenbauer

Ein Wanderer mit grauem Haar war schon lange unterwegs, als gegen Abend das Wetter immer schlechter wurde. Dunkle Wolken zogen auf, und bald begann es zu regnen. Die Sicht wurde immer schlechter, doch er konnte nirgendwo verweilen, denn bis zum nächsten Rasthaus war es noch ein langes Stück zu gehen. Zu allem Unglück sperrte ein reißender Gebirgsbach seinen Weg, denn die wilden Wasser hatten die Stützbalken des Stegs über die Kluft fortgerissen.

Der Wanderer besann sich nicht lange: Die lange Nacht bei strömendem Regen konnte ebenso seinen Tod bedeuten wie ein Sturz in die Tiefe. Er nahm Anlauf und sprang beherzt über den Felsspalt.

Auf der gegenüberliegenden Seite, wo noch sichere Pfosten des früheren Stegs standen, begann er, eine neue Brücke zu bauen.

Da kam ein anderer Wanderer auf ihn zu und fragte: „Was schuftest du denn hier bei Nacht und Regen anstatt Schutz im Rasthaus zu suchen? Du bist schon fast am Ziel, hast den Bach überwunden und kommst sicher nie wieder hier vorbei. Dann kann's dir doch egal sein, ob hier ein Steg ist oder nicht."

Da hob der Alte den grauen Kopf und erwiderte: „Für mich bildete der Fluß vielleicht kein großes Hindernis, aber nach mir werden Leute kommen, die jünger sind als ich und darum mehr zu verlieren haben. Für die baue ich die Brücke."

## 70. Vorausschauend

Einmal ging ein junger Mann von seinem Heimatdorf den einsamen Weg zum nächsten Markt. Als er schon eine Weile unterwegs war, traf er an einer Weggabelung auf ein hübsches Mädchen. Da auch sie zum Markt wollte, gingen sie nun gemeinsam weiter. Der junge Mann hatte sich einen großen Kupferkessel auf den Rücken geschnallt, denn er hoffte, auf dem Markt ein schönes Stück Geld für den Kessel erzielen zu können. In der rechten Hand hielt er ein lebendiges Huhn und einen Wanderstab, und an der linken Hand führte er eine Ziege mit sich, weil er die Tiere ebenfalls feilbieten wollte.

So waren sie schon munter plaudernd eine Weile zusammen gegangen, als der Weg sie an eine finstere Bergschlucht führte. Da blieb das Mädchen stehen und sagte: „Nein, durch diese Schlucht werde ich nicht gehen. Gibt es keinen anderen Weg?"

„Einen anderen gibt es nicht, wie du wohl weißt", entgegnete der junge Mann. „Aber sag, warum willst du nicht durch die Schlucht gehen, die doch alle aus unseren Dörfern auf dem Weg zum Markt durchqueren müssen?"

„Du könntest die Gelegenheit ausnutzen wollen, um mich in der einsamen Schlucht zu umarmen und zu küssen", antwortete das Mädchen. Der junge Mann war von dieser Antwort und der dreisten Unterstellung so verwirrt, daß er den heiteren Unterton des Mädchens nicht bemerkte.

„Ach, da brauchst du dir wirklich keine Sorgen zu machen. Wie sollte ich dich denn umarmen und küssen können? Ich habe einen Kupferkessel auf dem Rücken, an der einen Hand führe ich die Ziege, und in der anderen Hand halte ich ein Huhn und einen Stock."

"Nun, ich wüßte schon wie du das anstellen würdest", erwiderte das Mädchen. "Du könntest das Huhn auf die Erde setzen und den Kessel darüberstülpen, dann den Stock fest in den Boden stecken und die Ziege daran festbinden, und dann könntest du mich umarmen und küssen."

Ganz perplex starrte der junge Mann das Mädchen an, und nun nahm er auch das Zwinkern in ihren Augen wahr. Da breitete sich in seinem Gesicht ein Lächeln aus, und endlich rief er: "Der Herr segne dich für deine Weisheit!"

Und gemeinsam setzten sie ihren Weg fort.

## 71. Netzwerk

Vor vielen Jahren galt in einem einsamen Fischerdorf an der Küste nach wie vor das ungeschriebene Gesetz der Vorfahren. Es gab verschiedene Arten der Bestrafungen, Prügelstrafen ebenso wie den Pranger und den Galgen. Eine Frau jedoch, die eindeutig des Ehebruchs überführt wurde, mußte nach dem überlieferten Gesetz von der höchsten Felsenklippe hinab ins Meer gestürzt werden.

Einmal geschah es, daß der Rat der Dorfältesten eine junge Frau zu dieser grausamen Strafe verurteilte. Sie hatte mit einem fremden Seemann die Ehe gebrochen, als ihr Mann auf dem Meer zum Fischfang war. Doch in der Nacht, bevor das Urteil vollstreckt werden sollte, spannte ihr Mann ein Netz aus Seilen über den Abgrund, knüpfte sein Fischernetz darüber und legte büschelweise Stroh und Seegras hinein.

Im Morgengrauen war das ganze Dorf auf der Klippe versammelt. Gefaßt erwartete die junge Frau den Tod. Sie hatte keine Tränen mehr, denn längst hatte sie ihren Fehltritt bereut. Noch einmal bat sie um Vergebung, doch dem Gesetz des Dorfes wurde Genüge getan. Aber die Frau stürzte nicht in den Tod, sondern in das Netz der Liebe ihres Mannes.

Die Dorfältesten waren ratlos. Noch nie hatten sie erlebt, daß die Vollstreckung eines Urteils verhindert wurde. Sie trugen deshalb ihren Fall der Landesherrin zur Entscheidung vor. Die Herzogin brauchte nicht lange nachzudenken und sagte: „Wenn ihr eigener Mann den Betrug verzeihen kann, warum nicht auch ihr?" Und sie schenkte der Frau des Fischers ihr eigenes goldenes Haarnetz als Zeichen dafür, welche Netze ihre Schuld aufgefangen hatten.

## 72. Ebenbild

*E*in König hatte ein wunderschönes Schloß und einen prächtigen Jagdhund.

Als der einmal durch die Säle und Räume des Palastes lief, wagte es keiner der Diener, den Hund zu verjagen. So kam das Tier auch in den Spiegelsaal, der über und über mit den funkelndsten Kristallspiegeln ausgekleidet war. Wie erschrak der Jagdhund, als er sich plötzlich von Hunderten Jagdhunden umringt sah. Wütend fletschte er die Zähne, und Hunderte Hunde fletschten ebenfalls die Zähne. Knurrend und äußerst gereizt begann er, im kreisrunden Saal herumzurennen, und alle Hunde jagten ihm nach. Da hetzte der Jagdhund in seiner ohnmächtigen Wut so lange im Kreise herum, verfolgt von Hunderten Spiegelbildern, bis er tot zusammenbrach.

Ach, hätte er doch nur einmal freundlich mit dem Schwanz gewedelt ...

## 73. Versöhnlich

Ein Manager kam einmal zum Meister und bat ihn um Rat in schwierigen Personalfragen. „Wo viele Menschen zusammenarbeiten, gibt es immer wieder Menschen, deren Temperamente und Charaktereigenschaften einfach nicht miteinander harmonieren. Wie kann ich solche Menschen zur Zusammenarbeit motivieren?"

Der Meister sagte: „Betrachte den einfachen Kochtopf. Zwar vermag sein dünner Boden die feindlichen Elemente Feuer und Wasser nicht zu versöhnen, aber er verhilft ihnen zur verträglichen Zusammenarbeit, die Gutes bewirkt. Doch mischt er sich nicht in ihre Eigenheiten ein: Er läßt das Wasser Wasser sein, und das Feuer brennt so heiß wie immer."

## 74. Urlaubserinnerung

Eine Familie mit drei kleinen Kindern war glücklich, ein paar Ferientage am Strand verbringen zu können. Sie tummelten sich in den Wellen, bauten Sandburgen, sammelten Muscheln und ließen Drachen steigen.

Die Kinder spielten gerade beim Wasser, als eine alte Frau in zerlumpten Kleidern sich ihnen langsam näherte. Immer wieder bückte sich die Alte, hob laut vor sich hinmurmelnd etwas vom Boden auf, das sie in einen Plastikbeutel steckte. Besorgt riefen die Eltern die Kinder zu sich und verlangten, daß sie sich von der wunderlichen alten Frau fernhielten. Doch die kam nun, immer wieder etwas auflesend, auch auf die Familie zu. Und während sie sich wieder bückte, um etwas aus dem Sand aufzuheben, lächelte sie die Leute mit ihrem zahnlosen Mund an. Doch die erwiderten ihren stummen Gruß nicht.

Abends auf dem Zeltplatz erfuhren sie von den Nachbarn, daß die alte Frau eine verarmte Witwe aus dem Dorf sei, die es sich zur Aufgabe gemacht hatte, Glasscherben und Trinkdosenverschlüsse aus dem Sand aufzusammeln, damit sich niemand am Fuß verletze.

## 75. Großherzig

Die Fastenpredigt des Barfüßermönches in der Kirche San Bartolomeo in Venedig dauerte schon zwei Stunden. Mit nachdrücklichen Worten bemühte sich der Mönch, die Tugenden der wahren christlichen Nächstenliebe in die Herzen der Verstockten zu pflanzen und in den Seelen der Frommen zu festigen. In eindringlichen Beispielen machte er deutlich, was es für einen Christenmenschen bedeutet, seine Feinde zu lieben und denen zu verzeihen, die einem Übles taten. „Wo finden wir denn heute noch jemanden, der nach diesem höchsten Gebot handelt?" rief er von der Kanzel herab.

Da erhob sich eine junge Frau und rief tief bewegt aus: „Ich vergebe den Mördern meines Mannes von ganzem Herzen und aus tiefster Seele. Hört meine Worte und seid meine Zeugen: Ich gelobe, daß ihnen ihre ruchlose Tat vergeben sei!"

Tief ergriffen von der wunderbaren Wirkkraft seiner Predigt sprach der Mönch: „Nehmt euch ein Beispiel, ihr Gläubigen, an dieser tugendsamen jungen Frau. Der Herr wird ihr ihre Großherzigkeit lohnen und alle ihre Gebete erhören."

Als die junge Frau sich wieder in ihrer Bank niedergekniet hatte, neigte sich ihre Nachbarin zu ihr und flüsterte: „Bei Gott: wohlgesprochen! Aber sagt, seid Ihr nicht die Kurzwarenhändlerin hier vom Campo San Bartolomeo?"

„Ja, die bin ich", antwortete die Frau.

„Ach, Ihr Ärmste", raunte die Nachbarin, „so jung und schon Witwe! Wie grausam! Ermordet hat man Euren lieben Mann!"

„Noch lebt er ja", seufzte die junge Frau. „Aber ich vergebe von Herzen jedem, der es wagen würde."

## 76. Egoismus

Der Meister hatte seit Kindheitstagen einen Freund, der nun als Minister zu großen Ehren gekommen war. Mit der Macht war auch sein Ansehen und sein Vermögen gewachsen. Doch eigentlich bedeuteten ihm diese Äußerlichkeiten wenig, denn er wußte, wie vergänglich Ruhm und Reichtum sein können. Er trug von sich selber ein Bild als einfacher Diener seines Volkes im Herzen. So suchte er auch immer wieder seinen Freund, den Meister, auf, um von ihm zu lernen. Denn sie pflegten herzlichen Umgang miteinander, wie sie es von Jugend auf gewöhnt waren.

Eines Tages stellte der Minister dem Meister die Frage: „Sag mir, wie erklärst du den Egoismus?"

Da verwandelte sich plötzlich das Gesicht des Meisters und nahm den Ausdruck höchster Verachtung und Geringschätzung an. In äußerst überheblichem Ton blaffte er den Minister an: „Was redest du da, Dummkopf?"

Völlig konsterniert wegen dieses ungebührlichen Verhaltens schoß dem Minister die Zornesröte ins Gesicht. Doch der Meister lächelte ihm zu und sagte: „Jetzt weißt du, mein Freund, das ist Egoismus."

## 77. Übereifer

Ein Mullah ging eines Nachts durch die Medina, als er sich einem Hause näherte, aus dem gedämpfte Musik erklang. Da er als strenger Wächter des Glaubens und der guten Sitten hier Verderbnis witterte, rüttelte er an der Tür. Doch diese war und blieb verschlossen.

Der Mullah kletterte auf ein Mäuerchen, von da auf einen Vorsprung in der Hauswand, und schon war er auf dem Dach. Was er dort erblickte, nahm ihm den Atem: Ein Mann lag auf einem Diwan, seine Geliebte im Arm, in einer Hand hielt er ein Weinglas, und aus einem Rekorder ertönte Musik.

„O du Nichtswürdiger", rief der Mullah ihm zu, „eine einfache Übertretung der Gebote reicht dir wohl nicht, sondern du sündigst gleich mit Weib, Wein und verbotener Musik, damit du wenigstens dreifache Schuld auf dich lädst!"

„Hah, du Tugendwächter der Rechtgläubigen!" erwiderte der Ertappte, „wenn sich dein heiliger Zorn ein wenig mildern würde, hätte ich dir auch ein Wörtchen zu sagen."

„So sprich denn."

„Wenn es so ist, wie du sagst, daß ich dreifach gesündigt habe, so laß dir von mir gesagt sein, daß auch du dreifach die Gebote des Korans übertreten hast, denn dort steht geschrieben: Hütet euch davor, den Ausspäher zu machen – du aber kamst als Spion! Auch steht im Koran geschrieben: Geht durch die Türen in ein Haus hinein – du aber kamst übers Dach! Und schließlich heißt es dort: Wenn ihr ein Haus betretet, dann grüßt seine Bewohner – doch du bist ohne einen Gruß hereingekommen!"

Da schlich sich der Mullah betreten zurück.

## 78. Profit

Ein Unternehmer sah einen Greis, der einen Baum pflanzte, und sprach ihn darauf an: „Wenn du in deinem Alter noch bauen würdest, könnte ich das verstehen. Auch, wenn du Gemüse anpflanzen würdest, wäre das einleuchtend. Aber warum pflanzt du einen Baum in deinen Jahren, da du doch keine Hoffnung haben kannst, die Ernte seiner Früchte zu erleben?"

„Nun ich pflanze den Baum nicht für mich, obschon er mein eigener Baum ist. Ich pflanze für die Nachkommen, ebenso wie die Vorfahren auch für mich gepflanzt haben."

Da wurde der Unternehmer nachdenklich und bedankte sich für die kluge Antwort. Und der Alte erwiderte lächelnd: „Nun hat der Baum, der erst in zwanzig Jahren abgeerntet werden kann, jetzt schon Früchte getragen."

## 79. Ein Tropfen Liebe

Eine alte arabische Geschichte berichtet, daß Maamun, der Sohn des Kalifen Harun al Raschid, eine schöne Sklavin hatte, der er sehr zugetan war. Sie wurde wegen ihrer Anmut Nesim, lieblicher Windhauch, genannt. Sie war ständig in seiner Nähe, und er verlangte, daß sie ihn auch auf seinen Reisen im Lande begleitete.

Doch eines Tages mußte sie einer neuangekommenen griechischen Sklavin weichen, die den Kalifen für sich einnahm. Nesim verzehrte sich vor Schmerz und Kummer, doch klagte sie nicht und ließ sich ihre Qualen nicht anmerken.

Am ersten Tag des neuen Jahres, als der ganze Hofstaat dem Herrscher Glück wünschte und ihm Geschenke überreichte, erschien auch Nesim und reichte dem Kalifen ein edles Trinkglas aus Kristall, das mit einem feingestickten Tuche bedeckt war. Im Kristall aber war die Inschrift eingeschliffen:

Trinke, mein Freund, in langen Zügen den Kelch der Liebe.
Lasse für mich darin nur ein Tröpflein zurück.

Der Kalif war bezaubert von dem schönen Gedanken und von dem tiefen Gefühl, das ihn mitgeteilt hatte, und er versprach Nesim, noch am gleichen Abend den Kelch der Liebe mit ihr zu leeren und auch in vielen Stunden danach.

Diese Inschrift wurde durch die Überlieferung der Geschichte berühmt und ziert darum auch heute noch viele Trinkgefäße.

## 80. Wahrnehmung

In einem Gasthaus hatte der Wirt zwei junge Frauen zur Bedienung der Gäste angestellt. Zwar waren beide Serviererinnen etwa im gleichen Alter, doch hätte ihr Aussehen unterschiedlicher nicht sein können, denn die eine war von ausnehmender Schönheit, und die andere war ausgesprochen unattraktiv. Es fiel den Gästen auf, daß die anderen Angestellten sehr freundlich mit der Häßlichen umgingen und sehr mürrisch mit der Schönen.

Ein Gast, der hinter diesem rätselhaften Verhalten eine delikate Geschichte vermutete, fragte den Wirt, warum man in seinem Hause die eine freundlich behandele und die andere verächtlich. Der Wirt erklärte: „Die Schöne weiß, daß sie schön ist – und darum sehen wir ihre Schönheit nicht. Die Häßliche weiß, daß sie häßlich ist – doch wir sehen ihre Häßlichkeit nicht."

## 81. Alle oder keiner

Eine Indianergruppe war auf der Suche nach neuen Jagdgründen schon mehrere Tage unterwegs. Seit Stunden durchquerten sie ein Wüstengebiet. Lange hatten sie keine wasserhaltigen Pflanzen mehr gesehen, die ihrem trockenen Gaumen Linderung verschafft hätten. Die Sonne brannte unbarmherzig, als sie im Schatten eines Felsens rasteten, um vor der Gluthitze Schutz zu suchen. Sie alle litten Qualen und waren dem Verdursten nahe.

Da brachte einer von ihnen eine kleine Schale mit Wasser, das er unter großen Mühen aus einer unter Steinen verborgenen Mulde geschöpft hatte. Er reichte das Schälchen seinem Häuptling. Der nahm es entgegen und betrachtete es einen Augenblick. Aber er zögerte, es an seine Lippen zu führen, denn er sah in die Augen und die versteinerten Gesichter seiner Gefolgsleute.

Mit gelassener Miene drehte er das Schälchen um und goß seinen kostbaren Inhalt auf die glühende Erde. „Für einen allein wäre es zu viel gewesen, und für alle zuwenig."

## 82. Vorbelastet

In einer Stadt lebte ein sehr reicher Mann mit seiner Familie in einem prächtigen Haus. Nach langen und heftigen Regenfällen war durch Absenkungen im Boden und durch die Feuchtigkeit ein Teil der hohen Mauer eingestürzt, die sein Anwesen schützte.

„Es ist besser, wenn du die Mauer gleich reparieren läßt", riet ihm sein Sohn. „Denn in diesem desolaten Zustand ist sie geradezu eine Einladung an alle Diebe, in unser Haus einzudringen."

Aus dem gleichen Grund empfahl auch der Nachbar, der sich den Schaden besah, dem Reichen, die Mauer schnellstens reparieren zu lassen.

Noch in der selben Nacht drangen Diebe in das Haus ein und stahlen Kostbarkeiten von höchstem Wert. Von nun an hielt der Reiche seinen Sohn für einen klugen, vorausschauenden jungen Mann – und seinen Nachbarn für äußerst verdächtig.

## 83. Verdacht

Ein Mann sorgte sich sehr um seine Karriere. Einmal konnte er Unterlagen für ein wichtiges Projekt nicht finden, das für sein berufliches Fortkommen von entscheidender Bedeutung war. So sehr er auch suchte, die Unterlagen blieben verschwunden.

Da verdächtigte er den jungen Kollegen aus dem Nachbarbüro, ihm die Unterlagen zum eigenem Vorteil und um ihm zu schaden gestohlen zu haben. Darum beobachtete er ihn von da an genau: Seine Art durch den Behördenflur zu gehen, schien ihm die eines Diebes zu sein. Sein Gesichtsausdruck wirkte wie der eines Diebes. Auch sein plötzliches Verstummen, wenn er in der Nähe war, kam ihm vor wie das eines Diebes. Alles, was sein Büronachbar tat, war seiner Ansicht nach das Verhalten eines Diebes. Ihn quälte der furchtbare Verdacht, daß ihm sein Nachbar schaden wolle, aber weil er seine Beschuldigung nicht beweisen konnte, sagte er nichts.

Wenige Tage später, beim Ordnen einiger Akten, fand er die gesuchten Unterlagen wieder. Als er seinem Nachbarn begegnete, sah dessen Art, ihm entgegenzukommen, ihn anzulächeln und ihn zu grüßen, ganz und gar nicht wie die eines Diebes aus.

## 84. Untauglich

Ein Wanderer machte zur Mittagszeit Rast unter einem mächtigen Baum. Weit spannte sich seine riesige Krone, die so groß war, daß in ihrem Schatten eine ganze Gesellschaft hätte feiern können. „Das muß doch äußerst wertvolles Holz sein", dachte der Wanderer.

Als er jedoch nach oben schaute, entdeckte er, daß die Äste sehr knorrig waren. Als Bauholz waren sie völlig ungeeignet. Beim genauen Betrachten des Stammes bemerkte er so viele große Astlöcher, daß sich daraus kaum genügend glatte Bretter für einen Tischler gewinnen ließen. Und die Wurzeln waren so arg gekrümmt, daß nicht einmal ein Kistenmacher Interesse an ihrem Holz gehabt hätte. Der Wanderer zerrieb auch eines seiner Blätter in der Hand, und ein unangenehmer Duft blieb an ihr haften.

„Das ist nun wirklich kein Baum, der brauchbares Holz liefert. Vielleicht hat ihn seine Größe unbrauchbar gemacht", dachte er.

Doch während er weiterwanderte, erinnerte ihn seine stinkende Hand wie ein letzter Gruß an den fernen Baum. Da überlegte er, ob nicht gerade seine Untauglichkeit den Baum so groß gemacht hat, denn die nützlichen Bäume in der Umgebung waren längst gefällt. Und vollkommen unnütz ist dieser Baum ja auch nicht, dachte er, denn in seinem Schatten habe ich gut geruht.

## 85. Umgang

Ein erfolgreicher Manager wurde einmal nach dem Geheimnis seines Erfolges gefragt.

„Der Erfolg meines Unternehmens ist vor allem meinem Personalchef zu verdanken: Vor vielen Jahren hatte ich von einem Mann gehört, der angeblich ausgezeichnet in den Gesichtern anderer Menschen lesen konnte. Ich war neugierig und lud den Mann zu mir ein. Doch der offenbarte mir, er verstehe es keineswegs, Gesichtszüge zu deuten, er verstehe es nur, die Menschen nach ihren Freunden einzuschätzen.

‚Sehe ich einen einfachen Mann, der achtungsvolle, brüderliche Freunde hat, dann weiß ich, daß auf den Mann Verlaß ist und er sein Leben meistern wird', erklärte der Mann. ‚Sehe ich in einer Firma, daß der Inhaber kluge und ausgeglichene Direktoren hat, die offen über Entscheidungen und auch über seine Fehler diskutieren, dann weiß ich, daß das Unternehmen wachsen wird und der Inhaber seinen Direktoren wie auch die Direktoren ihren Untergebenen Vorbilder sein werden. Ich verstehe es also nur, die Menschen nach ihren Freunden einzuschätzen.'

Mich hat diese Fähigkeit und die Art wie er sie dargestellt hat, überzeugt, und ich habe ihn gebeten, unser Personalchef zu werden. Ach ja, Freunde sind wir auch geworden."

## 86. Vertrauen

In einem Garten wuchs ein Obstbaum, der schon lange keine Früchte mehr getragen hatte und von Jahr zu Jahr dürrer wurde. Doch der Besitzer des Gartens hatte sich an den Baum gewöhnt und konnte sich nicht entschließen, sich von ihm zu trennen.

Eines Tages sagte der Nachbar zum Gartenbesitzer: „Weißt du denn nicht, daß ein dürrer Baum im Garten nur Unglück bringt?"

Diese Worte nahm sich der Mann sehr zu Herzen, und er ließ den Baum fällen.

Am Tag darauf kam der Nachbar wieder und bat, ihm den alten gefällten Baum doch zu überlassen. Er würde ihn zersägen und Brennholz aus ihm machen.

Da wurde der Gartenbesitzer wütend und schrie: „Du hast also Brennholz haben wollen und mir darum geraten, den Baum zu fällen. Wenn einen schon der eigene Nachbar in einen solchen Hinterhalt lockt, auf wen soll man sich da noch verlassen!?"

## 87. Weltverbesserer

Hase und Wolf waren Freunde. Sie gingen zusammen auf die Jagd und was sie erlegten, das teilten sie auch miteinander. Doch der Wolf war der Meinung, daß ihm als dem größeren Tier auch ein größerer Anteil an der Beute zustünde. So nahm er sich immer die größere Hälfte. Als er dem Hasen nur noch einen Teil überließ und sich selber drei Teile zugestand, wollte der Hase das nicht länger hinnehmen.

Der Hase ging zum Windhund, den er vom Wettrennen her kannte. Der Windhund fragte den Hasen, was ihn bedrücke. „Der Wolf hintergeht mich. Von unserer gemeinsamen Jagdbeute nimmt der Wolf sich stets drei Teile und überläßt mir einen kläglichen Rest. Ich wollte dich fragen, ob du eine Idee hast, was ich dagegen tun könnte."

Der Windhund schlug dem Hasen vor: „Gehe heute wie gewöhnlich mit dem Wolf zur Jagd. Vorher versteckst du mich aber an dem Platz, an dem ihr üblicherweise eure Beute teilt."

Nach der Jagd kamen Hase und Wolf an ihren Beuteplatz, und der Wolf begann mit dem Verteilen. Schon hatte er seine Pfote ausgestreckt, um das größte Stück zu fassen, da trug ihm ein Luftzug eine leichte Witterung vom Windhund vor die Nase. Langsam zog der Wolf seine Pfote zurück und sagte mit liebenswürdiger Stimme: „Nein, heute sollst du einmal die Beute aufteilen."

„Seit wann denn das?" fragte erstaunt der Hase. „Das haben wir doch noch nie so gemacht."

„Bis heute war die Welt auch schlecht", antwortete der Wolf. „Jetzt ist sie besser geworden."

„Aber nein, du mußt heute noch teilen, wie du es immer gemacht hast", ereiferte sich der Hase.

Da nahm der Wolf ein großes Stück, legte es vor den Hasen hin mit den Worten: „Das ist für den Hasen. Und dieses Stück ist für den Hasen. Und dieses schöne Stück ist auch für den Hasen. Und mit diesem kleinen Stückchen will ich vorlieb nehmen."

„Aber warum teilst du ausgerechnet heute, wie du noch nie geteilt hast?" rief der Hase.

„Seit heute ist die Welt eben besser geworden!" erwiderte der Wolf.

## 88. Rechtfertigung

Ein Schüler beklagte sich beim Meister, daß einer seiner Mitbrüder ihn eines schlechten Lebenswandels beschuldige.
Der Meister sagte: „Beschäme ihn durch Redlichkeit!"

## 89. Einleuchtend

*I*n finsterer Nacht ging ein Blinder durch die engen Gassen seines Städtchens. Auf der Schulter trug er einen Krug, und in der Hand hielt er eine brennende Lampe. Vorsichtig tastete er sich vorwärts.

Ein Mann, der den Blinden kannte, kam ihm entgegen. „Daß du blind bist, wußte ich. Aber daß du auch ein Dummkopf bist, wußte ich noch nicht. Was willst du denn mit der Lampe? Für dich sind Finsternis und Helligkeit doch vollkommen gleich!"

Der Blinde lachte und sagte: „Die Lampe leuchtet auch nicht für mich. Sie ist für so unvernünftige und kurzsichtige Leute wie dich, damit sie mich in der Dunkelheit nicht anrempeln und meinen Krug nicht zerbrechen!"

# V. Was uns Hoffnung gibt

## 90. Zuversicht

Betrübt und niedergeschlagen saß eines Abends ein Schreiner in seiner Werkstatt. Da trat ein Freund herein, der auf seinem Weg noch Licht bei dem Schreiner gesehen hatte, und er fragte ihn nach der Ursache seines Kummers.

„Ach, ich weiß nicht mehr weiter. Der König hat mir befohlen, bis morgen früh tausend Säcke Sägemehl aus Hartholz für seine neue Reithalle abzuliefern. Sollte ich den Auftrag nicht erfüllen können, kostet es meinen Kopf. Nun habe ich tage- und nächtelang gesägt, doch erst sieben Säcke mit Sägemehl gefüllt. Wenn du in meiner Haut stecken würdest", sagte der Schreiner, „würdest du auch so empfinden."

Da schüttelte der Freund lächelnd den Kopf und sagte: „Sei frohen Mutes! Laß uns essen und trinken und fröhlich sein. Bis morgen früh ist es noch lange hin. Laß uns beten und bitten, Gott der Allmächtige wird uns schon helfen."

Nebenan in der Wohnstube des Schreiners, hatten sie alle Mühe, die klagende Frau und die weinenden Kinder zu trösten und ihre Sorgen auf Gott zu lenken. Bald stand auf dem Tisch, was Küche und Speisekammer hergaben. Sie aßen, tranken, tanzten und sangen frohe Lieder. So feierten der

Schreiner, seine Familie und sein Freund, als wenn ihre letzte Stunde geschlagen hätte und es für sie nie wieder Gelegenheit zum Feiern geben würde.

Als die Hähne krähten und die Sonne aufging, fielen alle in tiefes Schweigen, und große Angst erfaßte sie. Kein Holz war gesägt, und nicht ein Pfund Sägemehl war bereitgestellt.

Da schlugen schon die Knechte des Königs an die Tür des Schreiners. Er meinte, daß seine letzte Stunde gekommen sei. Unter Tränen verabschiedete er sich von seiner Frau und seinen Kindern und dankte dem Freund für seinen Beistand.

Dann öffnete er seinem Schicksal ergeben die Haustür.

„Endlich, Schreiner, was brauchst du so lange? Mache dich bereit und schreinere den schönsten Sarg. Denn unser geliebter Herrscher ist heute nacht gestorben!"

## 91. Annäherung

Am Ufer des heiligen Flusses Ganges sollte ein großes Fest zu Ehren der Flußgöttin stattfinden, zu dem schon viele große Herren und Fürsten angereist waren. Ein frommer Fürst aber traf wegen seines langen und beschwerlichen Reiseweges von weit her so spät ein, daß er am Ufer des Flusses keinen Lagerplatz mehr für sich und seine Gefolgschaft einrichten konnte, sondern in einem abgelegenen Waldstück seine Zelte aufschlagen mußte.

Die anderen Fürsten machten sich über ihn lustig und nannten ihn einen Hinterwäldler und Waldschraten. Der Fürst aber kümmerte sich nicht um ihren Spott, doch seine Minister und Diener waren außer sich vor Wut über diese Beleidigungen ihres Fürsten. „Kümmert euch nicht darum. Laßt sie doch reden. Für einen frommen Menschen ist es einerlei, ob er die Göttin am Ufer des Ganges oder in einem öden Wald verehrt. Ohne Vorstellungskraft gibt es keinen Glauben. Und wenn die Göttin uns liebt, wird sie auch bis hierher finden."

In der Nacht vor dem großen Fest donnerte es, und Blitze zuckten. Schwere Wolken zogen auf und es begann, in Strömen zu regnen. Die ganze Nacht hindurch hielt das Unwetter an, und der Fluß trat über sein Ufer. Viele Fürsten mußten eiligst ihre Zelte abbrechen, denn die Flut ließ sich nicht mehr aufhalten.

Am nächsten Morgen aber war das Erstaunen aller groß als sie sahen, daß der Ganges in einem sanften Bogen an den Zelten des geschmähten Fürsten vorbeifloß. Und sie verneigten sich in Ehrfurcht vor dem Frommen, den die Gottheit liebt.

## 92. Affenschande

Ein Affe prahlte immerfort, daß kein Lebewesen unter der Sonne höher und weiter springen könne als er. Darum forderte er alle Tiere des Waldes auf, ihn als König des Himmels anzuerkennen. Eines Tages gab er einem Fremden gegenüber großmäulig mit seinen Fähigkeiten an. Es war Gott, der sich bückte und das Äffchen in seine Hand nahm.

„Du sollst der König des Himmels werden, wenn du es schaffst, aus meiner Hand herauszuspringen", versprach er.

Der Affe verzog verächtlich das Gesicht: „So ein Sprung ist nun wirklich eine Kleinigkeit", sagte er.

Er holte tief Luft, ruderte mit den Armen und sprang so hoch und weit, wie er es noch niemals zuvor in seinem Leben getan hatte – und er sprang wahrhaftig bis ans Ende der Welt. Dort standen vier Säulen, die den Himmel stützten. An eine Säule machte er ein Zeichen als Beweis, daß er bis hierher gesprungen war. Dann nahm er Anlauf und sprang in einem Satz wieder zurück in Gottes Hand.

„Na, da staunst du?" rief der Affe. „Bis ans Ende der Welt bin ich gesprungen, und wenn du es nicht glaubst, sieh selber nach, denn ich habe an eine der Säulen mein Zeichen gemacht!" Und mit stolzgeschwellter Brust rief er: „Jetzt bin ich der König des Himmels!"

Doch Gott lächelte nur, streichelte mit dem Daumen das Fell des Äffchens und sagte zu ihm: „Die vier Säulen, kleiner Freund, waren doch nur meine Finger. Denn wisse, auch du kannst nicht aus meiner Hand herausspringen!" Er setzte den Affen behutsam zu Boden, und der verschwand beschämt zwischen den Blättern.

## 93. Lebensspanne

Ein Mann hatte ein Haus renoviert, das lange Zeit leergestanden war. Denn die Nachbarn behaupteten, daß es in dem alten Haus nicht ganz geheuer sei und ein böser Geist darin sein Unwesen treibe. Doch der neue Besitzer glaubte nicht an böse Geister. „Ich werde leben oder sterben, ganz wie es Gottes Wille ist", sagte er; und als das Haus wieder schön hergerichtet war, zog er dort ein.

Um Mitternacht weckten ihn fürchterliche Geräusche und ein erbärmlicher Gestank aus tiefem Schlaf. Eine schreckliche Gestalt mit roten Augen und spitzen Zähnen bäumte sich vor ihm auf. All seinen Mut zusammennehmend fragte der Mann: „Wer bist du und was willst du?"

„Ich bin ein mächtiger und fürchterlicher Geist, und ich will meinen Anteil von dir. Wenn ich nicht jeden Tag genug zu fressen bekomme, werde ich dich verschlingen."

„Gut!" sagte der Mann, „ich bin einverstanden. Doch habe ich eine Bitte an dich: Wenn du wirklich ein so mächtiger Geist bist, wie du behauptest, dann hast du auch sicher Zugang zum Hauptbuch Gottes. Deshalb sage mir morgen, welche Lebenszeit für mich im Buche Gottes verzeichnet ist. Dann weiß ich, ob ich dir trauen kann und werde deine Wünsche erfüllen."

Am nächsten Tag kam der Geist zur vereinbarten Zeit wieder und sprach: „Hör gut zu, Menschlein, denn ich sage nur einmal, was ich erfahren habe. Ich selber habe im Hauptbuch Gottes nachgesehen und gelesen, daß deine Lebensspanne genau achtzig Jahre beträgt und keinen Tag länger. Jetzt bring mir mein Fressen!"

Aber kaum hatte der Geist zu Ende gesprochen, da jammerte der Mann schon los: „Bist du noch ganz bei Sinnen? Was sind schon achtzig Jahre? Nur noch ein paar Jährchen, dann sind sie vorbei. Wenn ich gestorben bin, bekommst du auch nichts mehr zu Fressen von mir. Schon in eigenem Interesse, gehe nochmals hin und sieh zu, was du erreichen kannst, damit mein Leben um wenigstens ein Jahr und einen Tag mehr oder weniger verlängert wird. Ich werde dir ewig dankbar sein und deinen Anteil vergrößern!"

Die Aussicht auf mehr Fressen als jemals zuvor ließ den Geist wieder zum Hofe Gottes eilen. Als er zurückkam, war er sehr wütend und sehr hungrig. „Alles umsonst!" brüllte er los. „Ich habe Gott persönlich angefleht, gebittet und gebettelt habe ich, daß er dein Leben um wenigstens ein Jahr verlängern solle. Aber er hat das rundweg abgelehnt. ‚Was geschrieben steht, bleibt geschrieben', sagte er. Keines Menschen Alter kann auch nur um einen Tag herauf- oder herabgesetzt werden. Also sei zufrieden und gib mir endlich mein Fressen, sonst vergesse ich mich und verschlinge dich auf der Stelle!"

Da lächelte der Mann: „Wie du schon sagtest: ‚Niemand kann mein Leben kürzer oder länger machen, denn es ist das Gesetz Gottes!'

Also: Verschwinde aus meinem Leben!" Da schämte sich der Geist und ward nie wieder gesehen.

## 94. Entschieden

Ein Priester empfahl einem Nichtchristen seinen Glauben. „Du bist ein guter Mensch und treuer Freund. Warum wirst du nicht auch ein Christ?" fragte er.

„Wenn das, was du tust, Christsein bedeutet, fehlt mir die Kraft dazu; und wenn es das ist, was die anderen tun, so habe ich kein Verlangen danach!"

## 95. Zur Sicherheit

Zu den Predigten des Propheten Mohammed kamen die Gläubigen von nah und fern, um seinen Worten zu lauschen. Ein Frommer blieb den ganzen Tag über in seiner Nähe. Er hörte andächtig zu und betete mit der Gemeinde in frommer Inbrunst. Als die Dämmerung kam, verabschiedete er sich von Mohammed und ging zu der Palme, unter der er am Morgen sein Kamel zurückgelassen hatte.

Doch kurz darauf kam er in fliegender Hast zum Propheten zurückgerannt, schimpfte und schrie: „Was ist das für eine Welt? Heute morgen ritt ich mit andächtigen Sinnen zu dir, um die Worte des Propheten Gottes zu hören. Und jetzt wurde mir mein Kamel gestohlen. Ich befolge alle deine Gebote, achte auf Gottes Wort, und was habe ich nun davon? Mein Kamel ist fort! Ist das göttliche Gerechtigkeit? Ist das der Lohn der Tugend? Wie komme ich jetzt nach Hause?" So lamentierte er in einem fort.

Als dem Frommen endlich der Atem knapp wurde, lächelte Mohammed ihn an und sagte: „Glaube an Gott – und binde dein Kamel fest!"

## 96. Erhellend

Ein berühmter orientalischer Schriftgelehrte saß in seinem Studierzimmer, das mit wertvollen Teppichen, Möbeln und Büchern ausgestattet war. Die Bücherregale reichten bis unter die Zimmerdecke, Bücher stapelten sich auf den Tischen, und doch waren sie alle zusammengenommen nur ein Bruchteil von dem Wissen, das der Gelehrte im Kopfe hatte.

Eines Tages trug der Wind Stimmen und Gesprächsfetzen durch das offene Fenster. Der Gelehrte hielt in seiner Arbeit inne, verwundert über die Worte, die an sein Ohr drangen. Er rief seinen Diener zu sich und befahl, den Redner da draußen ausfindig zu machen und ihn sofort zu ihm zu bringen. Nach kurzer Zeit kam der Diener zurück und schob einen zerlumpten und unwilligen Beduinen ins Arbeitszimmer.

Da sprach der Gelehrte zu ihm: „Du weißt vielleicht, daß ich als der berühmteste Schriftgelehrte unseres Landes gelte und an allen Universitäten der ganzen Welt bekannt bin. Meine Bücher werden überall studiert. Hier allein siehst du mehr Bücher in einem Raum, als du in deinem ganzen Leben bisher gesehen hast. Sicher bist du nicht einmal des Lesens und Schreibens kundig. Und doch wagst du zu behaupten, der neue Prophet sei gekommen."

„Herr, es tut mir leid, wenn ich dein Auge und deinen Verstand beleidigt habe. Nie hätte ich es gewagt, dir zu sagen, was ich denke. Doch da du mich holen ließest und mich gefragt hast, so will ich versuchen, dir mein Denken verständlich zu machen. Herr, du verfügst über unendlich viele Reichtümer und Kostbarkeiten des Wissens. Wahre Schätze der Gelehrsamkeit türmen sich allein in diesem Zimmer. Wenn ich diese deine Schätze mit den Schätzen des Kalifen vergleiche, so sind deine Kostbarkeiten wie die seinen verborgen in der Schatzkammer deines Verstandes und streng bewacht in diesem Zimmer.

Mein Wissen dagegen ist wie die Steine in der Wüste: Es liegt offen herum, unsere Füße treten darauf. Nun denke dir, die Sonne geht über dem Horizont auf und sendet ihre Strahlen zu uns. Ich frage dich nun, Gelehrter, wer nimmt wohl ihre Strahlen auf und spiegelt ihren Schein: deine kostbaren, verborgenen und bewachten Schätze oder meine Steine im Wüstensand?"

## 97. Zutraulich

In den kühlen Abendstunden gingen drei junge Mönche im Wald spazieren und unterhielten sich angeregt über die Lehren, die ihnen ihr Meister an diesem Tage vermittelt hatte. Eifrig diskutierten sie die Worte des Meisters, daß Gott in dir und mir, in allen Menschen lebt, ja sogar in allen Lebewesen seiner gesamten Schöpfung. So in ihr Gespräch vertieft schraken sie mit einem Mal auf, als sie das Splittern und Knacken von Holz, das Rauschen der Blätter und dröhnendes Gestampfe vernahmen, das sich ihnen rasch näherte. Voller Entsetzen erkannten sie einen in Panik geratenen Elefanten, der geradewegs auf sie zu stürmte.

„Aus dem Weg! Aus dem Weg!" schrie warnend der Elefantentreiber, der hinter seinem Tier herrannte. Zwei der Mönche sprangen rasch hinter einen mächtigen Baumstamm, der ihnen Schutz bot. Der dritte Mönch aber stellte sich dem Elefanten in den Weg und rief mit ausgebreiteten Armen: „Ist Gott nicht auch in diesem wilden Elefanten?" – Im nächsten Augenblick trampelte ihn der Elefant nieder.

Die beiden Mönche trugen ihren arg zerschundenen Mitbruder zum Meister und berichteten ihm den Vorfall. Da konnte sich der Meister des Lachens kaum erwehren und sagte zu seinem ‚mutigen' Schüler: „Sicherlich lebt Gott in allen Lebewesen und auch in diesem wildgewordenen Elefanten. Ich habe dich nicht gelehrt, vor wilden Elefanten nicht Reißaus zu nehmen. Doch bedenke bitte, daß Gott auch in dem Elefantentreiber wohnt. Warum also gehorchtest du seiner vernünftigen Warnung nicht?"

## 98. Überfordert

Die Esel gingen zu Gott, um sich bei ihm darüber zu beklagen, daß die Menschen so grausam mit ihnen umgingen. „Du hast uns als starke, aber nicht als schnelle Tiere geschaffen. Wir haben einen kräftigen Rücken erhalten, damit wir schwere Lasten tragen können, unter denen jeder Mensch zusammenbrechen würde und wohl auch die meisten anderen Tiere. Doch die Menschen wollen uns nicht so akzeptieren, wie du uns geschaffen hast, denn sie wollen uns stark und schnell. Darum werden wir von ihnen unbarmherzig geprügelt, wenn wir nicht schnell genug sind, was uns durch die auferlegten Lasten aber unmöglich ist. Wir wollen ja gerne die Lasten tragen, aber geprügelt werden wollen wir nicht."

„Eure Klage ist berechtigt", sagte der Schöpfer. „Die Menschen zu ändern würde allerdings bedeuten, drastische Maßnahmen zu ergreifen, die ich lieber vermeiden möchte. Doch solange die Menschen der Ansicht sind, daß ihr faul seid, weil ihr langsam seid, solange werden sie euch schlagen. Ich sehe, daß ihr euch in einer verzwickten Situation befindet. Ich will euch jedoch nicht einfach eurem Schicksal überlassen. Darum sollt ihr von nun an unempfindlich sein gegen ihre Schläge. Eure Haut soll sich verhärten, und der Arm des Menschen, der euch schlägt, soll ermatten."

Die Esel nahmen diese weise Entscheidung dankend an und beklagten sich nie wieder.

## 99. Lohnend

Eines Nachts schlich sich ein Dieb in das Haus eines frommen Mannes. Er huschte von Zimmer zu Zimmer, doch fand er nichts, das sich zu stehlen lohnte. Da wurde er vom Hausherrn überrascht: „Ich bin tief beschämt, daß du in mein Haus kommst und ich den Gesetzen der Gastfreundschaft nicht genügen kann. Hier ist Wasser zu deiner Erfrischung und Reinigung. Wenn du bleiben und mit mir die heiligen Schriften studieren willst, so möchte ich dir morgen etwas geben, damit du nicht mit leeren Händen mein Haus verlassen mußt."

Verwirrt über dieses ungewöhnliche Angebot nahm der Dieb die Einladung an. In den frühen Morgenstunden wurden dem Hausherrn fünfzig Goldstücke gebracht, die ihm jemand seit langem schuldete. „Hier nimm!" sagte der Hausherr und übergab dem Dieb das Geld. „Das ist dein Lohn für das Gebet einer Nacht."

## 100. Gott gibt

Ein Mönch und ein Bauer trafen sich auf der Landstraße und gingen bereits ein Stück des Weges gemeinsam, als sie der Hunger zu plagen begann. Da sie aber kaum noch etwas zu Kauen hatten, sagte der Bauer: „Laß uns weitergehen zum Hof des Königs. Wenn wir ihn genug loben, haben wir unser Glück gemacht." Der Mönch aber lachte und meinte: „Gott gibt, was könnte da der König tun? Was einem von Gott zugedacht ist, das bekommt man auch!" „Ob du es Gott oder Schicksal nennst, darauf will ich mich nicht verlassen. Der König ist sehr großzügig. Wenn wir es recht anstellen, wird er uns reich belohnen."

So ging ihr Disput hin und her bis sie vor dem König standen und ihn um seine Entscheidung in dieser Frage baten. Als der Bauer seine Meinung vorgetragen hatte, war der König höchst zufrieden. Auf die Darlegung des Mönches hingegen reagierte er sehr verschnupft. Darum sagte er den beiden, daß er ihnen seine Antwort am nächsten Tage geben werde.

Tags darauf überreichte der König dem Mönch eine Handvoll Bohnen, ebenso Reis und eine Prise Salz. Der Bauer erhielt einen Sack Reis, einen Topf Schmalz und einen mit Gold gefüllten Kürbis. Der König befahl ihnen, sich daraus ihr Mittagessen zu kochen und am Abend wieder vor ihn zu treten.

Als sie bei der Zubereitung ihrer Mahlzeiten waren, kam dem Bauern der Gedanke, daß es doch sehr viel Mühe machte, einen so großen Kürbis zu schälen, zu zerschneiden und dann noch zu warten, bis er endlich gar ist; und außerdem bekomme er von Kürbis immer Magendrücken, und überhaupt seien Bohnen viel leichter zuzubereiten. „Laß uns das Gemüse tauschen, denn Kürbis bereitet mir immer Beschwerden", bat er den Mönch, der darauf bereitwillig einging.

Der Bauer hatte seine Mahlzeit bereits beendet und lag schon im schönsten Mittagsschlaf, als der Mönch den Kürbis aufschnitt und darin das Gold fand. Er band das Gold und einen halben Kürbis in ein Tuch, und nachdem auch er gegessen hatte, legte er sich schlafen.

Am Abend erschienen der Bauer und der Mönch wieder vor dem König, und der König sprach zum Mönch: „Bist du jetzt eines besseren belehrt: Der König gibt, was kann da das Schicksal noch tun?"

Tief verneigte sich der Mönch und hielt dem König den halben, goldgefüllten Kürbis hin: „Nein, mein König, Gott gibt, was könnte da der König noch tun?"

Da erkannte der König, daß seine List nicht aufgegangen war und daß der Mönch die Wahrheit sprach: „Es stimmt, was du sagst, Mönch: Gott gibt, was könnte der König tun." Und er beschenkte sie reichlich, damit sie ihr Auskommen hatten für ihren weiteren Weg.

## 101. Lebensglück

Zum Meister kam ein Mann und bat ihn, er möge einen Gedanken niederschreiben, der ihm und seiner Familie Anregung und Verpflichtung sein möge, damit das Glück seinem Hause gewogen bleibe.

Der Meister nickte nachdenklich. Dann nahm er einen Stift und schrieb:

Vater stirbt. Sohn stirbt. Enkel stirbt.

Das war nun gar kein so weises und glückverheißendes Motto in dem Sinne, wie es sich der Mann erhofft hatte. „Willst du mich verhöhnen?" rief er verärgert. „Natürlich werden wir alle sterben. Aber das ist doch kein Glücksmotto, das meiner Familie hilft!"

„Ich hatte nicht die Absicht, dich zu verärgern", sagte der Meister. „Und der Gedanke, den ich dir aufgeschrieben habe, ist tatsächlich ein Gedanke des Glücks. Denn bedenke das Unglück, wenn dein Sohn vor dir sterben würde. Wenn dein Enkel vor deinem Sohn sterben würde, wie stände es dann um euer Glück? Wenn in deiner Familie viele Generationen lang in der von mir geschriebenen Reihenfolge gestorben wird, so ist das der natürliche, von keinen schmerzlichen Verlusten erschütterte Ablauf des Lebens. Das nenne ich wahres Glück."

# VI. Aus dem Leben lernen

## 102. Ursache

Am frühen Morgen machte sich der Honigsammler in Begleitung seines treuen Hundes auf, um einen Bienenstock auszuheben, den er am Vortage in einer Felsspalte entdeckt hatte. Unterwegs sammelte er dürres Reisig und auch feuchtes Holz und entzündete mit einigem Geschick vor dem Felsspalt ein Feuer, das bald mächtig zu qualmen begann. Der Wind stand günstig und drückte den Rauch in den Felsspalt. Alsbald wurden die Bienen von wilder Panik ergriffen. Mit lautem Gesumme versuchten sie, ihre Festung zu verteidigen, doch ergriffen sie schließlich die Flucht vor dem unangreifbaren Gegner.

Rasch stieg der Honigsammler zum Bienenstock empor, brach die honiggefüllten Waben heraus und steckte sie in seinen ledernen Sack. Bald war der große Beutel mit der goldgelben Beute prall gefüllt, und nachdem er das Feuer gelöscht hatte, legte er sich den Sack über die Schulter und trug ihn in das nächste Dorf.

Nach mehrstündigem Marsch kamen der Honigsammler und sein Hund am Nachmittag beim Laden des Öl- und Gewürzhändlers an. Obwohl man sich seit Jahren kannte und immer gute Geschäfte miteinander gemacht hatte, wollte der Händler nicht eher einen Preis nennen, bis er von der süßen Kostbarkeit eine Probe genommen hatte.

Der Honigsammler öffnete seinen Sack, und der Händler steckte aus Vorfreude auf den Genuß seinen dicken Zeigefinger tief in den duftenden Honig. Er zog ihn honigtriefend heraus und führte ihn genußvoll schmatzend in den Mund. Goldgelbe Honigperlen liefen seinen Bart hinunter und tropften auf den Boden.

Während der Händler sich zufrieden seinen Bart wischte und seinen Preis nannte, hatte sich eine stattliche Anzahl Fliegen auf den Honigtropfen versammelt. Darauf war ein Vogel aufmerksam geworden, der auf die Fliegen herabstieß.

Der Vogel hatte die Katze des Händlers aufgeschreckt, die in der Ecke gedöst hatte und sich nun auf den Vogel stürzte.

Das Wüten der Katze alarmierte den Jagdhund des Honigsammlers, der mit einem Satz auf die Katze sprang und sie totbiß.

Als der Händler sah, was der Hund seiner geliebten Hauskatze angetan hatte, nahm er einen dicken Prügel und erschlug den Hund.

Über diese Untat war der Honigsammler so entsetzt, daß er in blindem Zorn den Händler erschlug und daraufhin in sein Heimatdorf flüchtete.

Als aber die Nachbarn des Händlers erkannten, was da Entsetzliches geschehen war, rotteten sie sich zusammen und zogen gegen das Dorf des Honigsammlers.

Dort hatte man sich auf einen drohenden Angriff vorbereitet, und schon hieben die beiden Gruppen mit Messern, Äxten und Sensen bewaffnet in wildem Zorn so lange aufeinander ein, bis viele gefallen waren, so viele, daß nur Gott ihre Zahl weiß.

## 103. Offensichtlich

Ein Schüler fragte den Meister, ob es eine Schwäche gebe, die man nicht verbergen kann.
„Solche Schwächen gibt es drei", sagte der Meister, „nämlich: Keuchhusten, Armut und schlechte Erziehung."

## 104. Tragweite

Zum Meister kam ein junger Mann, der fragte: "Meister, sage mir, was ist vorteilhafter: großes Wissen zu besitzen oder ein großes Vermögen sein eigen zu nennen?"

"Großes Wissen ist besser", antwortete der Meister.

"Wie kann das sein, daß Wissen günstiger sein soll als Reichtum? Denn warum sieht man so oft die Gelehrten von den Reichen Unterstützung erbitten, aber niemals die Reichen von den Gelehrten?"

"Weil die Weisen sehr wohl den Wert des Geldes kennen", sagte der Meister, "die Reichen aber nicht den Wert des Wissens."

## 105. Initiative

Ein reicher Handelsherr hatte drei Sekretäre, denen er unterschiedliche Gehälter bezahlte: dem ersten hundert Gulden, dem zweiten zweihundert und dreihundert Gulden dem dritten.

Einst besuchte ihn ein guter Freund, der ihn nach dem Grund der unterschiedlichen Entlohnung befragte.

Da signalisierte ein Kanonenschuß den Kaufleuten, daß soeben ein Handelsschiff in den Hafen eingefahren sei.

„Statt es dir zu erklären, kannst du gleich selbst erfahren, nach welchen Maßstäben ich die Gehälter meiner Angestellten festgelegt habe", sagte der Handelsherr und rief den Sekretär herein, der nur hundert Gulden erhielt, und trug ihm auf, sich nach der Fracht des Schiffes zu erkundigen.

Der kam kurz darauf zurück und sagte, es sei ein Schiff mit unterschiedlichen Waren aus Indien eingetroffen.

Nun schickte der Kaufmann den nächsten Sekretär, der zweihundert Gulden erhielt, mit dem gleichen Auftrag zum Hafen. Bald darauf konnte der Sekretär melden:

„Herr, es ist ein Handelsschiff aus Bombay eingelaufen, das hauptsächlich Seide geladen hat. Die soll schnellstens verkauft werden, da das Schiff neue Waren aufnehmen soll. Wenn du an der Seide interessiert sein solltest, ist höchste Eile geboten."

Doch der Handelsherr blieb ganz gelassen. Er schickte den dritten Sekretär mit dem gleichen Auftrag zum Hafen und wartete ab.

Nach etwa einer Stunde kam der Sekretär zurück und berichtete:

„Herr, die Situation schien mir günstig, und darum habe ich ein Angebot von fünfzigtausend Gulden für die Seide gegen ein Erstkaufsrecht abgegeben. Wenn ich das Geld in der nächsten halben Stunde übergebe, gehört die Seide dir."

Der Handelsherr ließ fünf prall gefüllte Geldbeutel holen und übergab sie seinem Sekretär.

Doch der blieb diesmal länger fort als erwartet. Der Freund des Kaufmanns war schon geneigt, eine wenig freundliche Bemerkung fallen zu lassen, doch da der Handelsherr kein Zeichen von Beunruhigung erkennen ließ, hielt er jeden Kommentar zurück.

Doch dann öffnete sich die Tür. Der Sekretär trat ein und stellte dem Handelsherrn die Geldbeutel auf den Tisch.

„Herr, während ich hier das Geld holte, hat sich ein weiterer Interessent gefunden, der mir die Seide schließlich für siebzigtausend Gulden abgekauft hat. Hier sind sieben Säcke mit abgezählten Gulden, zwei sind dein Gewinn."

## 106. Rücksicht

Ein Handwerker trug eine lange Leiter durch das Gedränge im Bazar.

„Achtung! Bitte ausweichen! Macht Platz! Vorsicht! Zur Seite bitte!" rief er mit lauter Stimme.

Ein vornehmer Herr, der sich für etwas Besseres hielt, dachte gar nicht daran, aus dem Wege zu gehen.

„Soll der Kerl doch aufpassen", dachte er sich.

Doch da der Handwerker um eine Ecke biegen mußte, schwenkte die Leiter aus, und ihr hinteres Ende versetzte dem überheblichen Manne einen kräftigen Schlag und beschmutzte seine Kleidung.

Da erhob er ein großes Geschrei, wehklagte und schimpfte und verlangte, daß der Handwerker vom Richter für seine grobe Fahrlässigkeit, die ihn, den hochachtsamen und noblen Herrn, fast umgebracht hätte, aufs härteste bestraft werde.

Der Richter nahm die Anklage zur Kenntnis und fragte daraufhin den Handwerker, was er zu den Beschuldigungen zu sagen hätte.

Doch der stand da mit verschränkten Armen und trotzigem Gesicht und sagte kein einziges Wort.

„Ist der Beschuldigte vielleicht taubstumm?" fragte der Richter.

„Von wegen taubstumm!" ereiferte sich der Kläger. „Der verstellt sich doch nur. Vorhin im Bazar, da hättest du hören können, wie er lauthals rief: ‚Macht Platz! Ausweichen!'"

„Und warum bist du nicht ausgewichen?" fragte der Richter.

## *107. Schuldfrage*

Ein Mädchen war zum Brunnen gegangen, um Wasser zu holen. Nachdem sie ihr Gefäß gefüllt hatte, wollte sie vor dem Heimweg noch ein wenig ausruhen. Sie setzte sich auf den Brunnenrand und war, gegen das Ziehgestänge gelehnt, bald eingeschlafen.

Das Schicksal sah sie dort hocken und näherte sich in Gestalt einer alten Frau dem schlafenden Kind. Vorsichtig weckte sie das Mädchen.

„Warum läßt du mich nicht schlafen?" beschwerte sich das Kind.

„Damit du nicht in den Brunnen fällst. Denn dann würden die Menschen wieder mir die Schuld an deinem Unglück geben, statt deine Dummheit anzuklagen."

## 108. Gerechtigkeit

Alexander der Große kam auf seinen Eroberungszügen in die entlegensten Gebiete der damals bekannten Welt. In einem kleinen Land war er am Tage der Rechtsprechung zugegen und war neugierig, nach welchen Gesetzen in diesem Lande geurteilt wurde.

Zur Verhandlung kam die Klage eines Nachbarn gegen einen anderen. Der eine Nachbar hatte dem anderen ein Stück Land verkauft. Nun hatte der neue Besitzer bei Grabungsarbeiten einen Schatz von großem Wert entdeckt.

„Dieser Schatz gehört mir nicht. Ich habe ja nur das Grundstück gekauft. Und mein Nachbar, der vorige Besitzer, will ihn nun nicht annehmen."

„Ich bin der Meinung, daß ich keinerlei Anrecht auf den Schatz habe, denn er gehört mir nicht. Außerdem habe ich das Grundstück mit allem, was darauf ist, und mit allem, was darin ist, verkauft, also auch mit dem Schatz", rechtfertigte sich der Verkäufer.

Der Richter wiederholte ihre Erklärungen und erkundigte sich bei beiden Parteien, ob er ihre Ausführungen richtig verstanden hätte. Dann überlegte er eine Weile und fragte den Verkäufer:

„Hast du einen Sohn?"

„Ja."

„Und hast du eine Tochter?"

„Ja, ich habe eine Tochter", antwortete der Käufer.

„Dann verfüge ich folgendes: Dein Sohn soll deine Tochter heiraten, und das Ehepaar soll den Schatz als Heiratsgut bekommen."

Die Nachbarn waren mit diesem Urteil sehr zufrieden. Alexander jedoch schüttelte verwundert den Kopf.

„Dir scheint mein Urteil nicht gerecht zu sein?" erkundigte sich der Richter.

„Gerecht schon", antwortete Alexander, „aber bei uns wäre ein solcher Rechtsspruch völlig undenkbar."

„Wie hätte denn ein Gericht in deinem Land entschieden?"

„Wenn ein solcher Fall in meinem Land überhaupt vor den Richter gekommen wäre, hätte der Richter höchstwahrscheinlich die beiden Kontrahenten in Gefängnis befördert und den Schatz für die Krone beschlagnahmen lassen."

„Der König hätte den Schatz bekommen?" fragte der Richter voller Erstaunen. „Das verstehe ich nicht. Scheint denn die Sonne nicht auch in deinem Land?"

„Ja, natürlich", sagte Alexander.

„Und bei euch regnet es auch?"

„Durchaus."

„Gibt es auch zahme, pflanzenfressende Tiere bei dir zu Hause?"

„Ja, viele verschiedene."

„Dann wird der Schöpfergott in euerem Lande die Sonne wohl wegen der friedlichen Tiere scheinen und es regnen lassen. Die Menschen bei euch verdienen es nicht."

## 109. Sprachlos

Ein sehr ehrgeiziger Angestellter, der sich immer gut ins rechte Licht zu rücken verstand und sehr wohl wußte, wie er durch Andeutungen und Halbwahrheiten Kollegen in Mißkredit bringen konnte, bat seinen Vorgesetzten um ein vertrauliches Gespräch unter vier Augen.

Als nun der Mitarbeiter zum vereinbarten Termin erschien, sagte der Chef:

„Ich will mir gerne anhören, was Sie mir mitzuteilen haben, allerdings nur unter den drei folgenden Bedingungen: daß Sie mir erstens nicht schmeicheln, denn ich kenne mich und auch meine Fehler zu Genüge; daß Sie zweitens über niemanden schlecht reden, denn darauf höre ich nicht; daß Sie mir drittens keine Halb- und Unwahrheiten erzählen, denn beide verabscheue ich und werde meine Zeit nicht dafür hergeben. Also, nun sprechen Sie!"

Der Angestellte überlegte eine Weile. Aber da er mit diesen Vorbehalten nicht gerechnet hatte und ihm nichts einfiel, was er unter diesen Bedingungen noch hätte mitteilen können, verließ er verlegen das Büro.

## *110. Augenblick*

„Was bedeutet schon die Zeit?" sagte der Meister. „Und was bedeutet ein Augenblick? Flüchtige Begriffe, die die Sinne täuschen. Madschnun widmete sein Leben einzig und allein der Liebe zu Leila, der Frau, die er nie erreichen konnte, da sie mit einem anderen vermählt war. Doch bekümmerte es ihn nicht, daß seine Liebe in dieser Welt ohne Hoffnung blieb. Die Liebe allein war für ihn von Bedeutung.

Ein Gelehrter wollte Madschnun aus seinem Wahn befreien. Um ihm zu verdeutlichen, wie viele Jahre seines Lebens er schon vergeudet hatte, fragte er ihn:

‚Madschnun, sage mir, wie alt du bist.'

Er mußte die Frage mehrmals wiederholen, bis seine Stimme den Liebenden erreichen konnte. Wie aus einem Traum erwachend, wandte sich Madschnun endlich dem Frager zu und antwortete mit leiser Stimme:

‚Eintausend und dreißig Jahre bin ich alt.'

‚Willst du mich verhöhnen?' rief der Gelehrte. ‚Das Alter, das du mir nennst, kann doch nur deiner verwirrten Phantasie entspringen. Oder solltest du wirklich so verrückt sein, wie die Leute von dir behaupten?'

Keine Mine bewegte sich in Madschnuns Gesicht. Gelassen sah er dem gestenreichen und lautstarken Gefühlsausbruch des Gelehrten zu, und da dieser keine Ruhe geben wollte, sagte er endlich:

‚Ich bin tausend und dreißig Jahre alt. Was verwundert dich daran? Denn tausend Jahre dauerte der Augenblick, als Leilas und meine Augen sich trafen, und dreißig ist die Zahl der Jahre, die ich vorher und nachher ohne sie lebte.'"

## 111. Geheimnis

Was das Geheimnis der Erleuchtung sei, wollten die Schüler vom Meister wissen. Da erzählte er ihnen das Gleichnis von der Kerze.

Die Nachtfalter aus aller Welt waren zu einem großen Kongreß zusammengekommen, auf dem sie das Geheimnis des Kerzenlichts erörtern wollten. Viele Reden wurden gehalten, und nach allen Vorträgen erkannten sie, daß sie dem Rätsel, das ihnen ihre Sehnsucht nach dem Licht der Kerze aufgab, keinen Flügelschlag näher gekommen waren.

„Wir werden Kundschafter ausschicken müssen. Die erfahrensten von uns sollen sich dem Kerzenlicht so dicht annähern, wie es noch niemand vorher gewagt hat, und uns dann berichten", schlug der Präsident der Versammlung vor.

Der Rat wurde angenommen, und ein kühner Falter flog los in die laue Sommernacht. Nach einigem Suchen hatte er endlich eine Kerze entdeckt, die auf einem Gartentisch die Nacht erhellte. Mutig näherte er sich dem Wunder und umflog die leuchtende Erscheinung von allen Seiten. Er wagte sich näher an das Geheimnis als je zuvor in seinem Leben, doch neue Erkenntnisse wollten sich ihm nicht vermitteln.

Auch die Kongreßmitglieder waren enttäuscht, und nach langer Beratung entschlossen sie sich, einen zweiten Forscher auszuschicken.

Der fand bald die brennende Kerze und umkreiste sie in immer engeren Kurven. Von oben und unten, von allen Seiten näherte er sich dem Leuchten, daß seine Flügel fast versengt worden wären. Unvorstellbare Sehnsucht schien ihn in ihren Bann zu ziehen, verwirrte seine Sinne, so daß er schon zu taumeln begann und sich mit letzter Anstrengung nur knapp befreien konnte.

Ein Raunen ging durch die Versammlung, als er von seiner Expedition berichtete, und entmutigt ließen die Falter ihre Fühler hängen, als auch dieser mutige Forscher ihnen keine neue Erkenntnis über das große Geheimnis enthüllen konnte.

„Es gibt nur einen Weg", meldete sich schließlich ein junger Falter zu Wort. „Folgt mir alle, und wir werden sehen, was sich ergibt."

Zwar war die ganze Versammlung äußerst skeptisch, aber wenn es doch noch einen Weg geben sollte, das große Geheimnis zu enträtseln, wollten sie dies nicht verhindern.

Sie folgten dem jungen Falter auf dem schon bekannten Weg. Allmählich erhellte sich die Nacht, und sie fühlten, daß sie dem Wunder näher kamen. Mit kraftvollen Flügelschlägen eilte der junge Falter voraus, flog einen eleganten Bogen und stürzte sich mit ausgebreiteten Flügeln ohne zu Zögern in das Herz der Flamme.

Eine Sekunde lang verklärte ihn gleißendes Licht, strahlender Glanz umhüllte seinen Leib. Dann entschwand er ihren Blicken, eins geworden mit dem großen Geheimnis.

Entsetzt, betroffen und verwirrt umschwärmten die Falter das Kerzenlicht und versuchten zu verstehen, was sie soeben erlebt hatten.

„Nur er allein kennt das große Geheimnis", sagte schließlich ein alter Falter in das beklemmende Schweigen hinein. „Wer in das Geheimnis eingetreten ist, der kommt nicht wieder, der ist eins geworden mit der Antwort auf alle unsere Fragen, ist Frage und Antwort zugleich. Doch wer wiederkehren sollte und erklären will, der ist kein Wissender."

## 112. Gelassen

Ein etwas beleibter und wenig sportlicher Herr wollte zum ersten Mal auf ein Pferd steigen. Er stellte den linken Fuß in den Steigbügel, hielt sich am Sattel fest, doch als er sich hochstemmen wollte, rutschte sein Fuß aus dem Steigbügel, und er fiel zu Boden.

Einige junge Leute, die beobachteten, wie er sich wohl anstellen würde, konnten sich ein schadenfrohes Lachen nicht verkneifen.

Der verhinderte Reiter stand auf, klopfte sich die Hosen ab und sagte:

„Was gibt's denn da zu lachen. Ich war vorher auf dem Boden, jetzt bin ich wieder auf dem Boden. Und das ist alles."

## 113. Verzicht

Ein Bauer war auf dem Weg zum Markt, wo er einen Korb mit wunderschönen, süßen Kirschen verkaufen wollte, die er am Morgen gepflückt hatte. Unterwegs begegnete er einer Schar Schulkinder, die ihn vor Freude umringten, als sie die köstlichen Kirschen sahen.

„Gib uns doch ein paar Kirschen", riefen sie, „du hast doch so viele!"

Als der Bauer rasch festgestellt hatte, daß wohl mehr als zwanzig Kinder vor ihm standen, beschloß er, jedem Kind nur eine Kirsche zu geben, da sonst seine Verluste zu groß sein würden.

Doch statt sich zu bedanken, beklagten sich die Kinder und beschimpften seinen Geiz.

Ihre Unverschämtheit verärgerte den Bauern jedoch nicht. Er sagte:

„Jetzt hört auf zu schreien. Und dann genießt die eine Kirsche, die ihr habt. Denn sie schmecken alle gleich. Darum macht es keinen Unterschied, ob ihr euch die eine Kirsche schmecken laßt oder eine ganze Handvoll."

## 114. Einladung

Ein König hatte zu einem großen Gastmahl geladen. Am Tag des Festes ließ er die Tafel in den oberen Räumen seines Palastes anrichten und befahl dann, alle Türen weit zu öffnen. Daraufhin ging er nach oben und wartete.

Die Gäste kamen. Sie gingen zur einen Tür herein und zur anderen Tür wieder hinaus. Manche wunderten sich, ob sie auf eine der unbegreiflichen Launen des Herrschers hereingefallen seien, fanden jedoch keine Erklärung und gingen wieder nach Hause.

Am nächsten Tag beschwerten sich die Leute und sagten: „Wir sind in dein Haus gekommen, doch du warst nicht da."

„Was beklagt ihr euch. Seid froh, daß die Türen für euch geöffnet waren. Ihr seid hereingekommen und zur anderen Tür wieder hinausgegangen. Und woher wollt ihr wissen, daß ich nicht da war – ihr habt euch ja nicht einmal die Mühe gemacht, eine Treppe hinaufzusteigen."

## 115. Stumme Zwiesprache

*E*in junger Mann hatte ein reiches Erbe und wurde mit einer jungen Frau verheiratet, die ebenso schön wie klug war. Noch war das junge Paar nicht lange zusammen, als die Frau erkannte, daß sie zwar einen ansehnlichen und braven, aber leider auch sehr dummen Mann geheiratet hatte. Solange sie vom Geld der Erbschaft leben konnten, kannten sie keine Not, doch was sollte aus ihnen werden, wenn es einmal aufgebraucht sein sollte?

Die Frau ermunterte ihn, sich eine Arbeit zu suchen. Sie empfahl ihm, in den Dienst des Königs zu treten, eine Tätigkeit als Bote anzunehmen oder irgendeine andere leichte Arbeit anzunehmen.

„Liebe Frau, ich kann nicht mehr lesen und schreiben als nur meinen Namen. Ich kann kaum etwas behalten, kann keine Reden halten, habe zwei linke Hände, und ich bin wohl zu nichts ernsthaft zu gebrauchen."

Da müsse sie wohl klug für beide sein, dachte die Frau. Nach einigem Überlegen sagte sie zu ihrem Gatten:

„Nimm diese zwei Tonkugeln. Gehe in die Stadt des Königs, und wenn er Audienz hält, setze dich inmitten seines Hofstaates so, daß er dich sehen kann. Wenn er zu dir hinblickt, zeige ihm eine Kugel. Falls er dann nicht zu dir spricht und dir nichts gibt, dann zeige ihm auch die zweite Kugel."

Sie ließ ihn das einige Male wiederholen, bis sie sicher war, daß er den Auftrag werde ausführen können.

Der Mann tat genau so, wie seine Frau es ihm erklärt hatte, und erhielt vom König einen prallen Beutel mit Goldstücken.

Die anwesenden Hofleute konnten das Verhalten des Königs nicht begreifen. Waren unter ihnen doch die gelehrtesten Männer des Landes, und kaum einer konnte sich erinnern, vom König wegen seiner Gelehrsamkeit so großzügig belohnt worden zu sein.

„Warum hast du denn dem dummen Kerl eine solch stattliche Summe geschenkt? Oder sollte es sein, daß dir das Wissen der wahrhaft gelehrten Männer so wenig bedeutet?"

Der König beantwortete ihre Frage mit einer Gegenfrage:

„Da ihr so kluge Männer zu sein vorgebt, so erklärt mir doch, was der, den ihr einen Dummkopf nennt, mir mit seiner Zeichensprache mitgeteilt hat."

Lange beratschlagten sich die Gelehrten, doch sie kamen zu keiner gemeinsamen Lösung. Beschämt gestanden sie ihr Unverständnis ein und baten den König um Aufklärung.

„Als mir der Mann die eine Kugel zeigte, wollte er mir sagen: ‚Ich bin nicht mehr als diese Kugel: Zwar rolle ich angenehm durchs Leben, aber ich bin nur Staub, der wieder zerfällt. Innen bin ich hohl und leer. Außen bin ich nackt und arm.'

Als ich ihm kein Almosen geben wollte, zeigte er mir die zweite Kugel. Damit sagte er mir: ‚Die eine Kugel bin ich. Die andere aber bist du.'

Wenn ich ihm daraufhin nichts geschenkt hätte, müßte meine Dummheit als noch größer genannt werden, als die seine. Darum beschenkte ich ihn besonders reich."

## 116. Entscheidung

Während eines Ausflugs aufs Land hatte eine Herrscherin ihr kostbares Geschmeide verloren. Sie schickte Boten aus, um dem ganzen Volk bekanntzugeben, daß derjenige, der ihre Juwelen innerhalb von dreißig Tagen finde, reich belohnt werde, wenn er sie sofort zurückbrächte. Wer den Schmuck aber erst nach Ablauf der dreißig Tage zurückgäbe, der solle des Todes sein.

Ein frommer Mann fand die Edelsteine. Er gab sie aber innerhalb der festgesetzten Frist nicht zurück, sondern wartete ruhig ab, bis die dreißig Tage verstrichen waren. Erst danach überbrachte er der Herrscherin den verlorenen Schmuck.

„Warst du verreist?" erkundigte sich die Herrscherin.

„Nein, ich war zu Hause", antwortete der Mann.

„Dann warst du sicher krank?"

„Durchaus nicht."

„Dann ist dir sicher nicht bekannt gewesen, daß ich eine Frist gesetzt hatte?"

„Davon hatte ich gehört."

„Dann weißt du auch, daß ich dich entsprechend meiner Androhung jetzt hinrichten lassen muß. Warum aber hast du dann den Schmuck nicht innerhalb von dreißig Tagen zurückgebracht?"

„Weil ich bei meiner Ehre nicht wollte, daß du den Eindruck gewinnst, ich hätte den Schmuck nur aus Angst vor deiner Strafe zurückgebracht."

## 117. Rollentausch

Auf einem Bauernhof lebten ein Esel und ein Hund in Freundschaft zusammen.

Eines Nachts schlichen sich Diebe ins Haus und stahlen alles, was sie tragen konnten, Geld, Kleider und was sonst von Wert war. Der Esel hatte die Einbrecher wohl bemerkt, doch wunderte er sich, warum der Hund sich nicht rührte und anfing zu bellen.

„Was ist los mit dir, mein Lieber? Schläfst du? Warum bellst du nicht aus Leibeskräften? Hast du die Diebe nicht entdeckt?"

„Doch, doch, mein Freund", entgegnete der Hund, „ich habe sie längst vor dir bemerkt. Aber der Bauer gibt mir seit Wochen kein rechtes Fressen, läßt mich seit Tagen nicht von der Kette und vernachlässigt mich derart, daß ich meinen könnte, er habe mich vergessen. Außerdem hat er mir wieder einmal die Kette nicht abgenommen, so daß es mir unmöglich ist, den Dieben den Weg zu versperren oder sie zu verfolgen. Darum habe ich beschlossen, auch meine Pflicht zu vergessen."

So sehr ihn der Esel auch zu überzeugen suchte, daß es besser sei zu bellen, um sich so seinem Herrn wieder gewogen zu machen, blieb der Hund stur und beharrte darauf, daß er zum Bellen viel zu schwach sei.

Da hob der Esel den Kopf und schrie aus Leibeskräften. Immer wieder schrie er, und aus Angst, entdeckt zu werden, eilten die Diebe aus dem Haus.

Der Bauer meinte, daß die Eselsschreie den neuen Tag ankündigten. Er stand auf, um an seine Arbeit zu gehen, doch so oft er sich auch die Augen rieb, es blieb stockfinstere Nacht.

Wieder schrie der Esel, so laut er nur konnte. Da wurde der Bauer so entsetzlich wütend über den lautstarken Randalierer, der ihn in tiefer Nacht nicht schlafen ließ, daß er mit einem Prügel in der Hand hinauslief und dem armen Esel ordentlich das Fell gerbte.

## 118. Wissen ist Macht

„Man muß nicht alles tun, was man kann", sagte der Meister und erzählte die Geschichte von den fünf Freunden:

„In einer Stadt lebten fünf Freunde in Eintracht beisammen. Vier von ihnen hatten studiert und ihr Examen absolviert, aber sie waren dennoch recht einfältig. Der fünfte im Bunde hatte aus Geldmangel nicht studieren können, doch er war klug und geschickt.

Da sie noch jung waren, drängte es sie, in die Welt zu ziehen, um dort ihr Glück zu suchen. So machten sie sich gemeinsam auf den Weg. Unterwegs träumten sie von den Abenteuern, die sie bestehen, und von den Reichtümern, die sie gewinnen wollten. Die vier Studierten kamen zu der Meinung, daß ihnen ihre Klugheit helfen werde, alle Schätze zu erwerben, und sie sagten:

‚Wir vier haben eine hohe Ausbildung genossen. Unser Wissen wird uns reich machen. Da du nichts gelernt hast, kannst du auch an unseren Schätzen keinen Anteil haben.'

Obwohl sie ihn aus ihrem Kreise ausgeschlossen hatten, zogen sie gemeinsam weiter: vier selbstgefällige junge Herren und ihr trauriger Freund.

Da kamen sie nach einem Wald in eine einsame Gegend und fanden auf ihrem Weg das bleiche Gerippe eines toten Löwen liegen. Da fing der erste an zu prahlen, daß es ihm mit seinem Wissen wohl gelingen würde, die Knochen dieses toten Löwen wieder richtig aneinanderzufügen. Er machte sich an die Arbeit, und als sie gelungen war, behauptete der zweite, er wolle gerne beweisen, daß seine Macht so groß sei, daß er die Knochen mit eines Löwen Haut und Haaren bedecken könne. Und als er sein Können bewiesen hatte, sagte der dritte, sein Wissen sei so groß, daß er dem Löwen seine Muskeln, seine Augen und alle Organe wiedergeben wolle. Auch dieses schwierige Werk gelang, und sie lobten sich gegenseitig sehr. Da wollte auch der vierte mit seinem Wissen nicht zurückhalten und erklärte, seine Macht sei so groß, daß er den Löwen wieder lebendig machen könne.

Die drei anderen wollten ihm nicht glauben, und da fing er an, seine Wissenschaft anzuwenden. Als der fünfte Freund aber erkannte, daß dieser studierte Narr den Löwen beleben wollte, versuchte er, dem wahnwitzigen Treiben Einhalt zu gebieten.

‚Um Himmels willen, Freunde, das dürft ihr doch nicht machen. Wenn dieser Löwe wieder leben sollte, wird er es euch gewiß nicht danken. Hört auf damit, oder es wird ein schlimmes Ende nehmen!'

Doch im Rausch ihrer Macht und Überheblichkeit hörten sie nicht auf die Warnungen ihres nicht gelehrten Freundes und lachten dem Dummkopf hinterher, der eilig einen Baum bestieg.

Doch in diesem Augenblick begann sich der Löwe zu regen. Er zerriß die vier Gelehrten und verschwand satt und zufrieden im Wald."

## 119. Äußerlich

Eine gute und gottesfürchtige Frau hatte einen Sohn, der für die Gesetze des Anstands und die Gebote Gottes wenig übrig hatte. Ihre Bitten und Ermahnungen hatten sein wildes Temperament nicht zügeln können.

Deshalb war sie nicht schlecht überrascht, als ihr Sohn eines Tages beschloß, sich einer Pilgerreise zu den heiligen Quellen anzuschließen. Es schien ihm dies eine gute Gelegenheit zu sein, sich der Aufsicht der Mutter mit einer Begründung zu entziehen, die sie unmöglich ablehnen konnte. Zugleich würde er etwas von der Welt sehen, und wenn das Baden in dem heiligen Wasser ihn von seinen Sünden reinwaschen würde, wäre auch das ein großer Gewinn.

„Durch eine solche Wallfahrt, mein Sohn, wirst du dein Seelenheil nicht erlangen", erklärte ihm seine Mutter. „Solche Reisen sind zwar sehr beliebt, doch bedeuten sie nicht mehr als Geldausgeben und eine schöne Abwechslung, wenn dir die rechte innere Einstellung zu solch einer Pilgerfahrt fehlt. Denn in welchen heiligen Quellen du auch immer baden wirst, das Wasser kann den Schmutz deiner Sünden und Fehler nicht von deiner Seele waschen, solange du ihre Ursache, nämlich deine Einstellung zu den Geboten Gottes und der Menschen, nicht änderst."

Doch wie immer wollte er solche Ermahnungen gar nicht hören und war von seinem Vorhaben nicht abzubringen. Da gab ihm die Mutter zum Abschied einen kleinen ungenießbaren Kürbis mit auf die Reise und bat ihn, ihr zu versprechen, den kleinen Kürbis mit in das heilige Wasser zu nehmen, in welcher Quelle er auch immer baden werde.

Das schien dem Sohn ein geringes Zugeständnis zu sein, und er versprach, diesmal sein Wort zu halten. Das tat er auch wirklich und nahm den kleinen Kürbis jedesmal mit in das heilige Quellwasser. Nach vielen Wochen kehrte er mit zahlreichen Amuletten geschmückt in das Haus seiner Mutter zurück. Er erzählte ihr, wo er überall gewesen sei und welche Abenteuer es zu bestehen galt. Auch berichtete er, daß er sich den Kürbis an einer Schnur befestigt um den Hals gehängt habe, wenn er in eine heilige Quelle gestiegen sei.

„Du wirst hungrig und müde sein", sagte die Mutter. „Ruhe dich ein wenig aus, bis ich das Essen angerichtet habe."

Sie nahm den Kürbis und bereitete daraus ein Gemüse, das sie ihrem Sohn brachte.

Er nahm einen Bissen, und kaum hatte er das Gemüse geschmeckt, da spie er es voller Entsetzen wieder aus.

„Das ist ja widerlich!" rief er. „Völlig ungenießbar! Das reinste Gift!"

„Ich verstehe dich nicht, mein Sohn. Wie kann das Gemüse aus einem Kürbis ungenießbar sein, der doch wie du in allen heiligen Quellen gebadet hat?"

„Und wenn er hundertmal in heiligem Wasser gewaschen wurde! Durch seine harte Schale wird ihm seine entsetzliche Bitterkeit nicht genommen, die in seinem Innern ist!"

„Wie du soeben erkannt hast, mein Sohn, haben alle heiligen Wasser das Übel dieses Kürbisses nicht fortwaschen können. Wie sollen also solche Bäder die Seele von den Übeln befreien können, die durch Verletzung anderer, durch Unwahrheiten, Diebstahl, sittenloses Verhalten und andere Sünden an ihr haften? Wenn du für deine Mitmenschen nicht ebenso ungenießbar sein willst wie dieser Kürbis, dann vermeide in deinem Inneren die Ursachen der Übel."

## 120. Überführt

Ein Mann, der sich aufs Goldsuchen verstand, hatte in einer einsamen Gegend eine besonders reichhaltige Schürfstelle gefunden und fünf Beutel mit Gold gefüllt. Nun kam er in die Stadt zurück und suchte dort einen vertrauenswürdigen Menschen, der seinen neuen Reichtum eine Zeitlang aufbewahren konnte, denn er wollte eine Reise zu einem weit entfernten Heiligtum unternehmen, um dem Himmel für sein Glück zu danken.

Es schien ihm günstig zu sein, seine Suche auf dem Markt zu beginnen, da sich beim Handeln nicht selten der Charakter der Menschen offenbart. Während er umherblickte, bemerkte er ein junges Mädchen, das bei einem Händler Reis kaufte. Der Händler wiederum hatte den Fremden bemerkt, und, um in Erwartung eines möglichen Geschäftes dessen Vertrauen zu gewinnen, gab er dem Mädchen mehr Reis, als sie für ihr Geld erwarten durfte.

Als das Mädchen mit seinem Einkauf nach Hause kam, sagte die Mutter zu ihm, daß wohl ein Fremder in der Nähe gewesen sei, den der Händler habe beeindrucken wollen.

„Gehe zum Händler und gib ihm den überschüssigen Reis zurück. Sage ihm, die Menge, die wir nicht bezahlt haben, nehmen wir auch nicht!"

In Gegenwart des Fremden gab die Tochter den Reis zurück.

„Ich werde mein Gold der ehrenhaften Familie jenes Mädchens anvertrauen", dachte er bei sich und folgte dem Mädchen bis zu seinem Elternhaus. Dort überlegte er, wie er der Familie begegnen solle, als der Schüler eines Asketen zu dem Haus kam, um zu betteln. Um den Fremden vor ihrem Haus zu beeindrucken, gab sie dem Bettelknaben überreichlich.

Dieser trug die Köstlichkeiten gleich zu seinem Lehrer. Doch der meinte, daß wohl ein Gast im Hause jener Frau sei, vor dem sie sich ins rechte Licht rücken wolle, und trug dem Jungen auf, das Essen, das zwei enthaltsam lebende Personen nicht verzehren konnten, mit dem Ausdruck des Bedauerns und des Dankes an die Hausfrau zurückzugeben.

Der vorsichtige Goldsucher wollte gerade das Haus der wohltätigen Familie betreten, als der Bettelknabe zurückkam und sagte:

„Eure milde Gabe ist viel zu großzügig, die nehmen wir nicht an!"

Da beschloß der Goldsucher, seine wertvollen Beutel bei dem Asketen zu hinterlegen, der sogar gegen Essen gleichgültig war. Er eilte dem Betteljungen nach, und mit viel Nachdruck und Überredungskunst brachte er den Asketen dazu, die fünf Goldbeutel für ihn aufzubewahren.

Nach einigen Wochen kam der Goldsucher von seiner Wallfahrt zurück und erbat sich seine Goldbeutel von dem Asketen zurück.

„Warum kommst du ausgerechnet zu einem mittellosen Asketen und verlangst Gold von ihm? Ich habe kein Stückchen Gold, das ich dir geben könnte."

Als er erkennen mußte, daß er um sein Gold betrogen worden war, irrte der Goldsucher verzweifelt in der Stadt umher und suchte nach einem Weg, wie er dem Betrüger die Goldbeutel wieder abnehmen konnte. Da hörte er von einer schlauen Hetäre, von der gesagt wurde, daß sie es besonders gut verstand, Diebstahl und Betrug aufzuklären. Er suchte sie auf und erzählte ihr sein Mißgeschick. Sie aber, die sich ebenfalls gut darauf verstand, andere hinters Licht zu führen, hatte sich eine List ausgedacht und bestellte den Goldsucher zu einer bestimmten Stunde zum Asketen. Sie werde auch anwesend sein, und in ihrer Gegenwart solle er dann lautstark die Herausgabe seines Goldes fordern. Der Goldsucher versprach, ihre Anweisungen zu befolgen und zur festgesetzten Zeit bei dem Asketen zu sein.

Nun füllte die Hetäre fünf äußerst elegante Koffer mit Steinen und gab sich dann selbst das Aussehen einer Dame aus reichster Familie. In dieser Verkleidung ließ sie sich zu dem Asketen fahren und die schönen Koffer in seine bescheidene Hütte bringen.

„Du bist der einzige, dem ich in meiner Not vertrauen kann", sagte sie zu dem überraschten Asketen. „Heute erhielt ich die Nachricht, daß alle meine Schiffe bei einem Sturm gesunken sind. Nun werden mich viele meiner Auftraggeber bestürmen und mir all mein Hab und Gut rauben wollen. Darum habe ich in aller Eile meine Juwelen und Edelsteine, alles Gold und Geschmeide zusammengerafft und bringe sie zur sicheren Verwahrung in deine Obhut. Denn wo sollten sie sicherer aufgehoben sein als bei dir, der du allem Weltlichen entsagt hast."

Während sie noch sprach, kam wie vereinbart der Goldsucher zur Hütte herein und verlangte seine fünf Beutel mit Gold. Blitzschnell wog der Asket den Wert von fünf Goldbeuteln gegen fünf Juwelenkoffer ab, und damit die reiche Handelsherrin keinen falschen Eindruck bekäme, händigte er dem Goldsucher ohne Zögern die fünf Beutel mit Gold aus.

Der nahm sie glücklich in Empfang, und während er noch ihren Inhalt überprüfte, kam eine vorher bestellte Dienstfrau geeilt und rief:

„Herrin, welch ein Glück, alle unsere Schiffe sind sicher im Hafen eingetroffen!"

Als die Hetäre das hörte, fing sie an zu lachen und vor Freude zu tanzen. Da lachte auch der Goldsucher und tanzte mit ihr. Und als der Asket sie so lachen und tanzen sah, fing er gleichfalls zu lachen und zu tanzen an. Mitten in diesem fröhlichen Reigen fragte die Hetäre den Asketen:

„Ich tanze vor Freude, daß meine Schiffe wohlbehalten eingelaufen sind. Der da freut sich, weil er seine Goldbeutel wieder hat. Aber sage uns: Warum tanzt du?"

„Ich tanze", sagte der Asket, „weil ich eine neue List gelernt habe."

## 121. Selbständig

Ein Schüler sollte sich auf die Reise zu einem weit entfernten Kloster begeben, doch er sorgte sich, den langen Weg alleine zu gehen. Er bat einen älteren Freund, ihn zu begleiten, damit er unterwegs eine Hilfe habe.

„Ich will gerne mit dir gehen und dir helfen, so gut ich kann", sagte der Freund. „Aber das meiste wirst du schon alleine tun müssen."

„Ich verstehe nicht ganz, was du damit meinst."

„Nun, das fängt schon morgens an. Wenn ich aufstehe, hilft es dir nichts, du mußt schon selbst aufstehen. Waschen und Zähne putzen mußt du auch selbst. Und wenn ich frühstücke, wirst du davon nicht satt. Wenn ich losgehe, nützt es dir auch nichts. Denn nur du selbst kannst deine Füße zum Gehen bringen."

Da hatte der Schüler verstanden und begab sich allein auf die weite Reise.

## 122. Abkürzung

An einem herrlichen Sommertag ging ein Mann mit festem Schritt die Landstraße entlang. Er freute sich, bald nach Hause zu kommen.

„Ich könnte doch eigentlich eine Abkürzung durch den Wald nehmen, da ist es auch viel kühler", überlegte er.

Munter schlug er sich in die Büsche, war glücklich und guter Dinge, doch im nächsten Augenblick fand er sich auf dem Boden einer versteckten Grube liegend.

Nachdem er sich von dem ersten Schrecken erholt hatte und sicher war, daß seine Knochen heil geblieben waren, fand er rasch seinen Optimismus zurück.

„Wie gut, daß ich die Abkürzung genommen habe. Wenn mir schon in diesem friedlichen Wald so ein Mißgeschick widerfährt, wer weiß, welch großes Unglück mir auf der gefährlichen Landstraße zugestoßen wäre?"

## 123. Gleiches Recht

Jeder Herrscher drückt seiner Zeit sein Siegel auf. Waren die alten Männer früher hoch angesehen, galt im nächsten Zeitalter hartes Durchgreifen und Freigebigkeit am meisten. Der nächste Herrscher förderte die Landwirtschaft, sein Nachfolger verkehrte nur mit dem Adel und verachtete das einfache Volk. Ihm folgten Jahre, in denen Tapferkeit als höchste Tugend galt, doch der neue Herrscher liebte die Gerechtigkeit.

Er hatte am Tor seines Palastes eine Glocke anbringen lassen. Jeder, ganz gleich ob Frau oder Mann, durfte die Glocke läuten, wenn er nach Gerechtigkeit verlangte.

Einmal schallte laut die Glocke, doch niemand kam, um seine Klage vorzubringen. Wieder ertönte die Glocke, und der Herrscher sah zum Fenster hinaus. Einen alten, abgemagerten Esel sah er an dem Glockenseil ziehen.

Da ließ der Herrscher den Besitzer des Esels ausfindig machen und vor sein Gericht laden. Und der Eigentümer wurde verurteilt, seinen im Dienst alt und matt gewordenen Esel zu nähren und zu pflegen.

## 124. Vollenden

Der Abbasiden-Herrscher al-Mansur hatte den Ort namens Bagdad, günstig zwischen Euphrat und Tigris gelegen, zur Gründung seiner neuen Hauptstadt ausgewählt. Der Geschichtsschreiber at-Tabari berichtet, wie al-Mansur die Grenzen der Stadt abstecken ließ, Geld für den Bau bestimmte und mit eigener Hand den ersten Ziegelstein legte. Dabei sprach er:

„Im Namen Gottes, er sei gepriesen. Die Erde ist Gottes Erde. Er übergibt sie dem unter seinen Dienern als Erbe, den er bestimmt hat. Und für alle, die ihn fürchten, sind die Früchte, die sie hervorbringt."

Und als der Grundstein gelegt war, rief er:

„Baut die Stadt, und Gott segne euch!"

In dieser Zeit überlegte al-Mansur, den gewaltigen Palast der früheren Herrscher zu zerstören und die gewonnenen Steine für den Bau der neuen Stadt zu nutzen.

Khaled, sein Ratgeber, riet ihm jedoch von diesem Vorhaben ab, denn er meinte, daß es seinem Ansehen nicht förderlich sei, eines der herrlichsten Bauwerke aus alter Zeit zu zerstören, um aus dem Schutt die eigene Residenz zu bauen.

Die Widersacher und Neider Khaleds rieten dem Herrscher, genau das Gegenteil zu tun, und unterstellten dem Ratgeber Sympathie für das alte Reich. Al-Mansur folgte ihrem Rat und befahl den Abbruch.

Schon waren riesengroße Summen in die Zerstörung des alten Palastes investiert worden, doch war nach wochenlanger Arbeit noch kaum eine nennenswerte Ecke abgetragen worden.

Schließlich gestand al-Mansur seinen Fehler ein und wollte die Abbrucharbeiten einstellen lassen. Diesmal riet Khaled dem verwunderten Kalifen, die Arbeiten nicht aufzugeben, sondern mit dem Abriß fortzufahren.

„Als du mich um Rat gefragt hast, Herr, riet ich dir, das unnütze Werk nicht zu beginnen. Jetzt aber, weil du es angefangen hast, rate ich dir, es auch zu vollenden. Denn sonst lädst du zu dem unrühmlichen Urteil der Nachwelt über dieses wenig ehrenvolle Unternehmen noch den schändlichen Nachruf auf dich, nicht in der Lage gewesen zu sein, das tote Gemäuer einer vergangenen Dynastie zu bezwingen."

## 125. Verlangen

Die Tiere hatten eine große Versammlung einberufen, weil sie beraten wollten, wie sie sich gegen den Raubbau der Menschen schützen können.

„Mir nehmen sie fast alles", sagte die Kuh, „die Milch, das Fleisch und selbst die Haut."

„Mir geht es auch nicht viel besser", sagte die Henne. „Mir nehmen sie die Eier weg, und schließlich muß ich in den Topf."

„Von mir nehmen sie das Fleisch und meine schöne Haut", sagte das Schwein.

„Und mir rauben sie die Freiheit, weil ich ihnen etwas vorsingen soll", sagten die Kanarienvögel.

Und so hatten alle etwas zu beklagen: die Hirsche, die Hasen, die Vögel und die Fische, die Wale und die Seehunde, die Leoparden und die Elefanten.

Als alle Gruppen ihre Klagen vorgetragen hatten, ließ sich die leise Stimme der Schnecke vernehmen:

„Was ich habe, würden mir die Menschen sofort wegnehmen, wenn sie könnten. Denn was ich habe, fehlt ihnen zu ihrem Wohlergehen am meisten: Ich habe Zeit!"

## 126. Gleichgewicht

"Das Leben gleicht einem Balanceakt auf einem über dem Abgrund gespannten Seil", erzählte der Meister. "Wer auf dem Seil geht und an etwas anderes denkt als daran, sein Gleichgewicht zu halten, stürzt ab. Worauf es ankommt, erzählt diese kleine Geschichte:

Wegen eines schweren Vergehens wurden zwei Freunde zum Tode verurteilt. Sie stellten ein Gnadengesuch, und da der Herrscher milde gestimmt war, das Urteil seiner eigenen Rechtsprechung aber nicht aufheben konnte, verfügte er die Umwandlung der Strafe: Über einen reißenden Fluß wurde ein Seil gespannt. Darauf sollten sie nacheinander den Fluß überqueren. Wem es gelänge, das andere Ufer zu erreichen, dem solle sein Leben geschenkt werden.

Der erste Mann erreichte wohlbehalten das andere Ufer. Über den tosenden Fluß hinweg rief sein Freund ihm zu: ‚Kannst du mir verraten, was ich tun muß, um auch heil hinüberzukommen?'

Von drüben kam die Antwort: ‚Ich kann dir nur sagen, was ich getan habe: Sobald es mich auf die eine Seite zog, neigte ich mich etwas mehr zur anderen!'"

## 127. Ausweg

Ein Mann hatte sich vorgenommen, auf seinem Grundstück einen wunderbaren Rasen anzulegen. Dicht und federnd sollte er sein, und an den Rändern sollten ausgesuchte Blumen mit bunten Blüten das tiefe Grün des Rasens noch mehr zur Geltung bringen.

Der Boden wurde vorbereitet, teuerstes Saatgut wurde ausgebracht, dann wurde gedüngt und gewässert, und schon nach einigen Tagen zeigte sich das erste Grün.

Der Rasen wuchs prächtig. Regelmäßiges Schneiden, Düngen und Vertikutieren ließen ihn gedeihen.

Eines Tages jedoch zeigte sich ein Löwenzahn. Das war nun nicht die Blume, die der Gärtner in seinem Rasen sehen wollte. Er stach sie aus. Am nächsten Tag erblühten schon vier Löwenzahnpflänzchen. Und dann ging es richtig los: Überall breitete sich der Löwenzahn aus, gerade so, als wenn er auf den gepflegten Rasen nur gewartet hätte, von dem allerdings bald nicht mehr viel zu sehen war.

Der Gärtner war verzweifelt. Keines seiner chemischen Mittel half. Im Gegenteil, der Löwenzahn gedieh prächtig.

In seiner Not suchte der Gärtner Rat bei allen Gärtnern der Umgebung. Jeder pries aus dem reichen Schatz seiner Erfahrungen das beste Mittel. Doch jedesmal sagte der Mann, er habe das alles schon probiert, nichts habe geholfen.

Nur ein alter Gärtner wußte einen Rat, den ihm noch niemand unterbreitet hatte.

„Ich schlage vor", sagte der alte Gärtner, „daß du anfängst, den Löwenzahn zu lieben."

# VII. Das Glück zu geben

## 128. Gastlich

So lange man sich erinnern konnte, waren die Sippen von Ali und Omar miteinander verfeindet. Obwohl niemand mehr die Ursache der Streitigkeiten benennen konnte, gab es immer wieder Konflikte wegen der Weiderechte, der Wasserzufuhr oder der Grenzziehung.

In diesem Jahr war es Omars Familie schlecht ergangen. Eine Seuche war ausgebrochen und hatte fast alle Tiere dahingerafft. Die große Trockenheit hatte ebenfalls dazu beigetragen, daß Omar verzweifelt war. In seiner Not faßte er den wahnwitzigen Entschluß, sich von Alis Herde einen Teil zu holen.

Eines Abends schlich er mit einigen Getreuen zu den Weiden, wo Alis Schafe grasten, und sie wollten eben vierhundert Tiere forttreiben, als ein Hirte in sein Horn blies und Alarm gab.

Eine wilde Keilerei begann. Die auf den Alarmruf hin rasch herbeigeeilten Männer Alis konnten die Diebe bald überwältigen. Total erschöpft sanken die Kämpfer nieder.

Nach einiger Zeit raffte Ali sich auf und ging hinüber zu Omar.

„Sage mir, Omar, habt ihr genug zu essen dabei?"

„Willst du mich verhöhnen, Ali? Wenn wir genug zu essen hätten, hätte ich die Schmach nicht auf mich nehmen müssen, dir einige Tiere deiner großen Herde zu stehlen. Du hättest den Verlust leicht verschmerzen können, und im nächsten Frühjahr wäre deine Herde schon wieder größer als zuvor."

„Sei es, wie es wolle, Omar. Niemand läßt sich gerne bestehlen. Aber ich kann nicht zulassen, daß du und deine Männer hungrig sind auf meinem Grund und Boden."

Ali rief seine Hirten und befahl ihnen, Omar zweihundert Schafe und Hammel zuzutreiben – als Nachtessen.

## 129. Selbsterkenntnis

Der Meister erzählte von einem Mann, der plötzlich zu viel Geld gekommen war. Er verwahrte das Geld in einer verschlossenen Truhe, und aus Angst vor Dieben versteckte er die Truhe gut in seinem Hause.

Die Sorge um das Geld ließ ihn bald nicht mehr schlafen. Ständig dachte er sich neue Verstecke aus und verbarg die Truhe bald hier und bald dort. Aus Angst, irgend etwas zu verraten, wurde er immer schweigsamer, grüblerischer und griesgrämiger.

Eines Tages fiel ihm auf, daß der eigentliche Grund für seine Unruhe bei ihm selbst lag, und er sagte sich:

„Weil ich das Versteck des Geldes kenne, ist nicht auszuschließen, daß ich mich eines Tages selbst bestehle."

Er entledigte sich seines Problems, indem er sein Geld dort versteckte, wo selbst er es nicht mehr finden konnte: Er gab es den Armen.

## 130. Relation

Maan, der Minister des Kalifen, war im ganzen Land hochgeachtet wegen seiner Redlichkeit und Freigebigkeit. Im Krieg gegen die Abbasiden kämpfte der an der Seite seines Herrn, doch wollte es das Unglück, daß der Kalif getötet wurde, die Abbasiden siegten und Maan fliehen mußte.

Der neue Herrscher, al-Mansur, setzte eine aufsehenerregend große Belohnung auf die Ergreifung Maans aus, die auch den Ärmsten zum reichen Herrn gemacht hätte.

Als namenloser Wanderer ohne Ziel eilte Maan von Ort zu Ort, immer in Angst vor Verrätern und auf der Flucht vor den Schergen al-Mansurs. Doch gab es auch treue Menschen, die ihn wegen der ihnen erwiesenen Großmut und Freigebigkeit versteckten und ihm halfen. Als er sich in Bagdad aufhielt, drangen Gerüchte von bevorstehenden Razzien zu ihm, und er beschloß, die Stadt zu verlassen.

Er scherte sich den Bart ab, schnitt sich die Haare, ließ sein Gesicht von der Sonne verbrennen und veränderte sein Aussehen so, daß nicht einmal seine Mutter ihn erkannt hätte. Im Morgengrauen ritt er unbemerkt zum Stadttor hinaus.

Er näherte sich schon der Einsamkeit der Wüste, als es ihm schien, daß ein bewaffneter Reiter, ein Söldner offenbar, ihn verfolgte. Maan spornte sein Kamel an, doch der Reiter kam näher. Da wußte er, daß dieser ihn stellen wollte.

Maan wandte sich im Sattel um, und ihre Blicke trafen sich. Er sah ein, daß er auf seinem alten Reittier dem Verfolger nicht entkommen konnte. Er zügelte sein Kamel und erflehte die Hilfe des Allmächtigen, denn er erkannte, daß nun der Augenblick der Entscheidung gekommen war.

„Steig ab", befahl der Söldner.

Maan gehorchte und fragte, was er von ihm wolle.

„Bist du der Mann, den al-Mansur, der Herrscher der Gläubigen, suchen läßt?"

„Wer sollte der Mann denn sein?"

„Gestehe, daß du Maan, der ehemalige Minister des gestürzten Kalifen bist!"

„Ich bin nur ein besitzloser Sohn der Wüste", entgegnete Maan, entschlossen, sein Leben zu retten. „Kannst du denn die geringste Ähnlichkeit zwischen mir und dem Gesuchten feststellen? Wenn nicht, dann gib mich frei und laß mich in Frieden ziehen."

„Ich kenne dich besser, als es dir lieb sein kann. Du bist Maan, dessen bin ich mir sicher. Also laß das Leugnen und die Verstellung."

Doch Maan wollte sich noch nicht verloren geben. Und wenn er schon entdeckt worden war, so hatte er doch noch eine letzte Hoffnung. Aus den Tiefen seiner Satteltasche holte er einen außergewöhnlich prachtvollen Ring hervor, seinen letzten wertvollen Besitz und ein Andenken der Zuneigung seines früheren Herrn.

„Sieh dir dieses herrliche Juwel gut an", forderte er den Söldner auf. „Sein Wert übersteigt bei weitem die Summe der Belohnung, die al-Mansur meinem Vollstrecker versprochen hat. Jetzt hast du die einmalige Möglichkeit, dein Glück zu erkaufen, ohne daß mein Blut über dich und die Deinen kommt."

„Über den Wert des Ringes sagst du die Wahrheit. Doch bist du auch bereit, auf meine Frage wahrheitsgemäß zu antworten?"

„Wenn du mir die Freiheit gibst, werde ich ehrlich antworten."

„So sei es", antwortete der Söldner.

„Dann frage, was du wissen willst."

„Noch heute hört man im ganzen Volk den Großmut und die Freigebigkeit Maans rühmen. Darum will ich von dir selber hören, ob du jemals dein ganzes Vermögen, deinen gesamten Besitz, alles, was du dein eigen nanntest, aus Großherzigkeit auf einmal weggeschenkt hast?"

„Nein, das habe ich nie getan", gestand Maan.

„Aber vielleicht gabst du die Hälfte deines Reichtums?"

„Auch das nicht."

„Ein Drittel?"

„Nein."

„Aber doch wenigstens einen zehnten Teil?"

Schamgebeugt flüsterte Maan: „Ein Zehntel habe ich wohl öfter verschenkt."

„Gemessen an der Macht und an dem Reichtum, mit denen der Allmächtige dich einmal ausgestattet hatte, scheint mir das nicht allzu viel zu sein", sagte der Söldner. „Ich bin nur ein einfacher Soldat und lebe von dem geringen Sold, den der Herrscher mir für meine Dienste zahlt. Dagegen ist dein Ring hier Tausende von Goldstücken wert!

Hier, nimm ihn zurück. Er soll dir gehören als Anerkennung für deine Freigebigkeit. Nur vergiß nie wieder, daß du heute einem begegnet bist, der noch großmütiger war, als du es jemals gewesen bist. Gib alles, was du hast, aus vollem Herzen. Miß aber dem Schenken selbst keinen Wert bei, sondern schenke leicht wie im Spiel."

Der Söldner warf dem Flüchtling den Ring zu, wandte sein Kamel und ritt davon.

Benommen, ohne Sinne stand Maan da, erniedrigt, in Demut. Er begriff nicht, was geschehen war. Maan starrte den Ring an, der wie Feuer in seiner offenen Hand brannte.

Da entrang sich ein Schrei seiner Brust, und er erwachte wie aus einem schweren Traum.

„Allmächtiger! Mann, du hast mich tief getroffen. Mehr als ein Hieb deines Schwertes schmerzt mich die Wunde, die du mir zugefügt hast. Komm zurück und behalte, was ich dir gab. Kehre um, ich bitte dich, ich will es nicht mehr, es ist deines, mein Freund!"

Doch der Söldner ritt gemächlich weiter, und ohne sich umzuwenden rief er: „Du willst, daß ich nachgebe und schwach werde, daß ich zurücknehme, was ich schenkte? Nein, für eine gute Tat werde ich nie etwas annehmen, von dir nicht und von keinem andern."

## 131. Entscheidend

„Wer in Erwartung einer Gegenleistung oder Anerkennung schenkt, ist eigentlich mehr ein Händler, denn ein Geber aus Liebe. Nur wer selbstlos gibt, schenkt wirklich", sagte der Meister, und er erzählte seinen Schülern folgende Geschichte.

Am Tage des Gerichtes prüft der Allmächtige die guten und die schlechten Taten. Da zeigt die Waage der Gerechtigkeit, daß gleichviel schlechte wie gute Taten im Leben eines Mannes die Waagschalen im Gleichgewicht halten und keine Seite zu seinen Gunsten oder seiner Verdammnis überwiegt. Da sagt der Herr in seiner Güte zu ihm:

„Gehe zu der langen Reihe der dort Wartenden und frage, ob nicht einer von ihnen dir vom Schatz seiner guten Taten eine schenken mag, damit sich die Waagschale deiner guten Taten zu deiner Erlösung neige, und ich will dich ins Paradies eintreten lassen."

Von Wartendem zu Wartendem geht der Mann, doch antworten ihm manche auf seine Bitte hin, daß man es sich nicht leisten könne, auch nur eine einzige kleine gute Tat zu verschenken. Andere tun so, als wenn sie nichts gehört hätten, und wenden sich einfach ab.

Verzweiflung ergreift allmählich den Bittsteller, als er erfahren muß, wie es um die Großherzigkeit der Menschen bestellt ist.

Die Reihe der Wartenden wird immer kürzer und somit seine Chancen immer geringer. Da fragt ihn einer der zuletzt Angekommenen:

„Was benötigst du denn, Bruder?"

„Eine einzige gute Tat, und sei sie auch noch so klein. Viele hier haben sicher eine ganze Menge davon angehäuft, doch jetzt, zur Stunde der Entscheidung, ist auch nicht ein einziger bereit, mir die geringste gute Tat abzugeben, aus Angst, sie könnte ihm nachher fehlen."

„Oh Mann, deine Sorgen möchte ich haben. Du hast ja eine ganze Waagschale voll und ich nur eine einzige. Und da die eine gute Tat, die ich vorweisen kann, das Gewicht meiner schlechten Taten unmöglich aufzuheben vermag, nützt sie mir ohnehin nichts. Also, ich schenke sie dir."

Dankbar und erleichtert kehrt der Mann zum Richterstuhl zurück.

Wenngleich allwissend, läßt sich der Herr dennoch berichten, wie es ihm ergangen sei.

Glücklich berichtet der Mann von seinen vielen schlechten und der einen guten Erfahrung und lobt den selbstlosen Sünder.

Da läßt der Herr jenen Menschen herbeiholen, der mit dem einzig Guten, das er sein eigen nannte, so freigebig war, und sagt zu ihm: „Du hast jenen Menschen befreit, darum befreie ich dich. Gehe ein ins Paradies."

## 132. Ausgeglichen

Am Hofe des Königs trat eine Schauspielertruppe in prächtigen Kostümen und herrlichen Gewändern auf. Ihre Darbietungen und Künste rissen das Publikum zu wahren Stürmen der Begeisterung hin. Sie wurden vom König reich beschenkt, und alle Zuschauer gaben aus Freude, ein jeder wie er es vermochte. So häuften sich nach der Vorstellung Geld und Gold, seidene Ehrengewänder und köstliche Spezereien auf der Bühne. Der ohnehin sehr von sich überzeugte Schauspieldirektor wußte sich vor Stolz und Glück kaum zu fassen.

Da trat einer der Höflinge zu ihm, lobte seine Kunst und schmeichelte ihm, wie beeindruckend er in der Rolle des jungen Helden wirke. Da kam der Direktor nach kurzer Zeit in der besagten Kostümierung zurück und deklamierte einige Zeilen. Der Höfling gab sich beeindruckt und versprach dem Schauspieler für den nächsten Tag fünfzig Goldstücke.

Die Rolle des grausamen Herrschers spiele er nach seiner Meinung jedoch besonders hinreißend, pries ihn der Höfling, und der Schauspieler trat nach kurzer Zeit in der Maske des Herrschers auf, um solch kundigem Publikum zu gefallen. Doch am meisten freute ihn die Aussicht auf eine noch reichere Gabe. Der Höfling enttäuschte seine Erwartungen auch nicht und versprach dem Schauspieler hundert Goldstücke für den nächsten Tag.

Unübertrefflich sei der Schauspieler jedoch in der Rolle des mächtigen Gottes, rühmte der Höfling und versprach dem in seiner Eitelkeit geschmeichelten Mimen zweihundert Goldstücke für den nächsten Tag.

Der Schauspieler verwandelte sich in den mächtigen Gott und spielte seine Rolle die ganze Nacht hindurch.

Gegen Mittag des nächsten Tages eilte er zum Haus des Höflings, um sein in Aussicht gestelltes Honorar abzuholen. Der Höfling wies ihm jedoch die Türe und sagte:

„Du hast meinen Augen eine große Freude bereitet, und ich deinen Ohren. Wir sind also quitt."

## 133. Großherzig

Ein Richter trat nach langen Jahren im Amte seinen wohlverdienten Ruhestand an. Während einer kleinen Feierstunde zu seinem Abschied aus dem Dienst wurde er gefragt, ob denn er, der jede Form von Bosheit und Kriminalität vor seinem Richtertisch gesehen habe, in seinen Verhandlungen jemals eine angenehme Erfahrung gemacht habe.

„Eine Begebenheit werde ich niemals vergessen", erzählte der Richter. „Es handelt sich um folgenden Fall: Ein Mann war der Unterschlagung und Steuerhinterziehung außergewöhnlich hoher Summen angeklagt. Die Seite des Klägers war durch die Anwälte der klagenden Partei, einem bekannten Unternehmen, vertreten.

Die Ankläger setzten dem Beschuldigten mächtig zu. Doch der behauptete, das Geld seiner Familie sei rechtmäßig erworben und versteuert worden, und er selbst habe sich auch nichts zuschulden kommen lassen, da er im übrigen kein eigenes Vermögen besitze.

Zu meinem Erstaunen konnte er seine Behauptungen beweisen. Ich würde ihn freisprechen müssen, das war mir klar.

Aber die Geschichte schien mir so ungeheuerlich zu sein, daß ich in seine Bitte einwilligte, mit der er sich an das Hohe Gericht wandte: Er wollte der Person gegenübergestellt werden, die die Klage im Namen des Unternehmens gegen ihn angestrengt hatte.

So kam es, daß am letzten Verhandlungstag der Beklagte seinen Ankläger zu Gesicht bekam. Da war es einen Augenblick mit seiner Beherrschung vorbei.

‚Dieser Mensch schuldet mir eine Menge Geld!' rief er. ‚Ich hätte es mir fast denken können. Hier ist der Schuldschein, den einzulösen er sich immer geweigert hat.'

Der Ankläger bestätigte den Sachverhalt und gestand seine Schuld ein.

Da zerriß der Angeklagte den Schuldschein und sagte: ‚Ich will nicht, daß du nur um des Geldes willen noch einmal jemanden zu unrecht beschuldigst.'"

## 134. Gerechtfertigt

Ein Sklave in Diensten des Kalifen sah eines Tages die Möglichkeit zur Flucht in die Freiheit und lief davon.
Doch nur wenige Tage später wurde er gefaßt und vor den Herrscher gebracht. Der Kalif fragte seinen Minister um Rat, wie er den Ausbrecher bestrafen solle. Dem Minister war der Sklave ganz und gar nicht unbekannt, weil er sich zum wiederholten Male seinen Anweisungen mit herausfordernden Worten über die Würde des Menschen widersetzt hatte. Hier bot sich ihm eine gute Gelegenheit, den störrischen Unruhestifter loszuwerden.

„Wenn ich zu entscheiden hätte, würde ich ihn töten lassen, denn er hat es nicht anders verdient."

Der Sklave wußte, daß seine letzte Stunde geschlagen hatte. Er überwand seinen Stolz und sagte zum Kalifen:

„Du hast mich Tag für Tag am Leben erhalten. Darum will ich nicht, daß dich der Allmächtige wegen einer noch so geringen Sünde bestraft. Denn du wirst am Tage des Gerichts schon einen überzeugenden Grund vorbringen müssen, um rechtfertigen zu können, warum du mich hast töten lassen.

Einen Grund, mich zu töten, kann ich dir geben, denn du kannst es mit bestem Wissen und Gewissen nicht verhindern, wenn ich mich auf diesen Minister stürze und ihn umbringe. Dann bist du im Jenseits gerechtfertigt."

„Nun, Minister, was hältst du von diesem Vorschlag?" fragte lächelnd der Kalif, dem der schlaue Einwand gefiel.

Wütend darüber, von dem Sklaven überlistet worden zu sein, sagte mühsam beherrscht der Minister:

„Laß ihn laufen."

# VIII. Schlüssel zur Weisheit

## 135. Blickwinkel

In der schönen und reichen Stadt war ein Penner aufgegriffen worden, der seit Tagen in den Straßen herumlungerte. Er wurde vor den Richter gebracht, denn Landstreicherei wurde in seinem Bezirk als Erregung öffentlichen Ärgernisses abgeurteilt.

„Wer bist du, woher kommst du, und was treibst du in meiner Stadt?" eröffnete der Richter das Verhör.

„Ich bin ein einfacher Mann, ich komme aus meiner Heimat, und ich arbeite, wenn man mir Arbeit gibt."

„Aber du scheinst ja keine Arbeit zu haben, wovon lebst du also?"

„Heute habe ich etwas altes Brot erhalten. Das reicht mir bis zum nächsten Tag."

„Ich wollte von dir nicht wissen, was du zu essen hast, sondern welcher Beschäftigung und welchen Zielen du nachgehst."

„Ich nehme das Leben wie es kommt. An einem Tag habe ich etwas zu beißen, am nächsten Tag muß ich hungern, wie es gerade kommt. Und nachts schlafe ich, da brauche ich nichts."

„Aber wie kommst du zu Brot, wenn du keines mehr hast?"

„Wie alle Menschen: Ich gehe zum Bäcker."

„Und da stiehlst du ihm das Brot!" schnaubte der Richter im festen Glauben, einen guten Grund gefunden zu haben, den Landstreicher für längere Zeit hinter Schloß und Riegel zu setzen.

„Ich habe noch nie in meinem Leben etwas genommen, was mir nicht gehört!" empörte sich der Landstreicher. „Der Bäcker ist ein gutherziger Mensch, und er gibt mir Kredit."

„Du bleibst ihm also das Brot schuldig?"

„Bis ich ihn bezahlen kann, bleibe ich ihm das Geld schuldig. Ist es etwa ein Vergehen in dieser Stadt, Schulden zu machen?"

„Hier ist es verboten!"

„Dann möchte ich dich bitten, mich nicht eher zu verurteilen, bis sämtliche Kaufleute und Handwerker dieser Stadt auf Ehre und Gewissen darüber ausgesagt haben, wer mehr Schulden hat: du oder ich."

Nach kurzer Bedenkzeit seufzte der Richter und schickte den Landstreicher mit einer ungeduldigen Handbewegung hinaus.

## 136. Notgedrungen

In einer kargen Landschaft, in der kaum ein Baum wuchs und zwischen lauter Fels und Stein nur dürre Halme zu finden waren, fristete eine kleine Familie ihr dürftiges Dasein. Eine Hütte aus Felsstein und zwei magere Ziegen waren ihr ganzer Besitz.

Da geschah es, daß in der Nacht zu Ostern ein Wolf geschlichen kam und die beiden Ziegen riß.

Nun war ihnen nichts geblieben, wovon sie sich hätten ernähren können. Die blanke Not trieb sie, ihre wenigen Habseligkeiten zu einem Bündel zu schnüren und in die Fremde zu ziehen.

Nach manchem Leid, vielen Demütigungen und Enttäuschungen fanden sie weit weg von ihrer Heimat eine Arbeit und eine Unterkunft. Zwei Jahre später konnte der Mann ein Stück Wiese pachten und dort ein Schaf weiden lassen. Er arbeitete fleißig und brachte es schließlich zu einem Häuschen, einer Kuh, einem Ochsen und acht Schafen.

Wieder nahte das Osterfest, und der Mann zündete zwei Kerzen kann.

„Warum zwei Kerzen?" fragte ihn seine Frau. „Eine, weil morgen Ostern ist, das verstehe ich. Aber wozu die zweite?"

„Die ist als Dank für den Wolf, der uns aus unserer Heimat vertrieben hat."

## 137. Gleichmütig

Der Meister ritt auf einem alten Klepper seines Weges und kam alsbald zu einer Herberge. Der Wirt schaute verwundert die elende Mähre an.

„Wie ist es denn möglich", rief er, „daß du, der von allen Menschen hochverehrt wird, auf so einem ausgemergelten Gaul reiten mußt? Kann es denn sein, daß du dir kein edles Reittier, kein rassiges Pferd leisten kannst, das deiner Würde mehr entspricht?"

„Ich brauche das Pferd weder, um darauf vor Feinden zu fliehen, noch muß ich jemandem nachjagen, da mir niemand Böses getan hat", sagte der Meister.

## 138. Gehalt

Zum obersten Richter kam einst ein Mann, der seine Entscheidung in einer schwierigen Rechtslage verlangte. Der Richter dachte lange nach, befragte die Schriften, schüttelte den Kopf und sagte schließlich, daß er sich außer Stande sehe, die Frage zu beantworten.

Fassungslos schüttelte der Mann den Kopf: „Und du willst der oberste Richter sein, wenn selbst du nicht in der Lage bist, meine Frage zu klären? Wofür, frage ich mich, beziehst du dann dein hohes Gehalt?"

„Diese Frage wenigstens kann ich dir leicht beantworten", sagte der Richter. „Mein Geld bekomme ich für das, was ich weiß. Wollte mich unser Land für das bezahlen, was ich nicht weiß, reichten die Güter dieses Reiches, ja sogar die Schätze der ganzen Erde nicht aus, um mich zu entlohnen."

## 139. Gottvertrauen

Ein Hütejunge trieb eine Herde jämmerlich anzusehender Kamele zur Tränke. Alle Tiere waren krumm und gebrechlich, einige hinkten, und ihre Felle waren mit Schrunden übersät.

Einem Schriftgelehrten, der vorüber kam, ging der Anblick der armen Kreaturen zu Herzen.

„Warum läßt du deine Tiere leiden und verschaffst dir kein Mittel, das deine Kamele heilt?" rief er dem Hirten zu.

„Meine Mutter ist eine sehr fromme und gottesfürchtige Frau. Wir vertrauen darauf, daß ihre Gebete und ihr Segen den Tieren helfen wird."

Der Schriftgelehrte schüttelte den Kopf.

„Mein lieber Junge, mische unter die Gebete deiner Mutter etwas Salbe und heilende Kräuter und lege sie auf die Wunden deiner Tiere. Und glaube mir, es kann nicht schaden, wenn du Gott bei seiner Hilfe etwas unterstützt."

## 140. Wert

Ein Schüler, der im Studium der heiligen Schriften schon weit fortgeschritten war, beschloß, ins Badehaus zu gehen. Der Bademeister wollte ihn jedoch nicht einlassen, wenn er nicht vorher eine Rupie bezahlt habe.

Der Schüler konnte sich nicht erinnern, wann er zuletzt ein Geldstück in der Hand gehabt hatte, denn die Schriften bedeuteten ihm mehr als die Dinge der Welt. Doch, obwohl der Bademeister ihm beharrlich den Eintritt verwehrte, ließ sich der Schüler dadurch nicht entmutigen.

„Was ist schon eine Rupie", sagte er, „statt dessen gebe ich dir die Auslegung einer Schriftstelle, die, wie mein Meister zu sagen pflegt, viel mehr wert ist als eine Truhe mit Juwelen."

Er zog zwischen den Buchseiten ein Blatt hervor, auf welchem er in schöner Schrift die Auslegung eines heiligen Textes niedergeschrieben hatte.

Der Bademeister sah ihn erst verwirrt, dann belustigt an und brach schließlich in ein brüllendes Lachen aus. Er konnte sich gar nicht beruhigen und weckte so die Neugier anderer Leute. Auf deren Frage, was ihn so erheitere, gab er ihnen zwischen zwei Lachern japsend Auskunft.

Da fingen auch die andern zu lachen an, und der Schüler stahl sich beschämt und nachdenklich hinweg.

Er verstand die Heiterkeit der Leute nicht und berichtete seinem Meister, was er erlebt hatte.

„Hast du uns nicht gelehrt, daß eine einzige Schriftauslegung mehr wert sei als alle Schätze der Welt? Und jetzt will mich der Bademeister für eine Schriftauslegung noch nicht einmal baden lassen", beklagte sich der Schüler.

Schmunzelnd nahm der Meister aus einer Schatulle einen kostbaren Ring, den ihm einst ein betuchter Mann aus Verehrung geschenkt hatte, reichte ihn seinem Schüler und sagte:

„Gehe zu den Gemüsehändlern und biete ihnen diesen Ring zum Kauf an."

Zwar verstand der Schüler die Gründe des Meisters nicht, doch er gehorchte und machte sich auf den Weg. Er zeigte den Ring bei den Gemüsehändlern herum und bat um ihr Angebot.

„Dreißig Rupien, höchstens!" sagte einer. „Aber vermutlich würde ich den Kauf bereuen."

„Viel zu viel!" rief ein anderer Händler. „Das ist doch nur eine billige Imitation, nur Glas und Messing. Ich würde höchstens zwanzig Rupien dafür geben."

„Unsinn!" rief ein dritter. „Für zwanzig Rupien kannst du schon einen ganzen Kronleuchter aus Glas und Messing bekommen. Laß dich doch von dem Burschen nicht hereinlegen."

Der Schüler konnte kaum begreifen, was er da erlebte und schüttelte irritiert und verwundert den Kopf. Nachdenklich ging er zum Meister, gab ihm den kostbaren Ring zurück und berichtete, was die Gemüsehändler von dem Schmuckstück gehalten haben.

Mitten im Erzählen stürmte aufgeregt ein reicher Kaufmann in die Meditationshalle, der sehr verzweifelt schien.

„Meister", rief er, „ vor einem Jahr habe ich geschworen, daß, wenn mir ein Sohn geboren werden würde, ich zum Dank das Fleisch eines mächtigen Büffels unter den Armen verteilen würde, dessen Hörner wenigstens zwölf Spannen groß seien. Nun bin ich vor einigen Stunden der Vater eines gesunden Sohnes geworden und kann nirgendwo einen

Büffel mit ausreichend großen Hörnern finden. Ich lief den ganzen Markt ab und habe bei allen Bauern in der Umgebung nachforschen lassen. Ich habe jeden Preis geboten, es ist nichts zu machen. Ich kann doch den Lebensbeginn meines Sohnes nicht mit einem gebrochenen Schwur belasten. Rate mir, Meister, was ich tun soll!"

„Da steckst du wirklich in der Klemme", nickte nachdenklich der Meister. „Aber wenn du den Armen tausend Rupien spenden willst, wird dich mein Schüler durch die Deutung der heiligen Worte aus deiner schwierigen Lage befreien!"

Da er nun einen Ausweg sah, seufzte der Kaufmann erleichtert auf und reichte dem Schüler einen schweren Geldbeutel.

Der vertiefte sich in die Schriften und sagte schließlich, daß dem Schwur des Kaufmanns Genüge getan sei, wenn er die Länge der Hörner des Büffels mit der Länge des Leibes seines Sohnes messe.

Zustimmend nickte der Meister, und als der Kaufmann frohen Herzens enteilt war, sprach der zu seinem Schüler:

„Erkennst du nun den Wert der Dinge? Sie bedeuten denen nichts, die ihrer nicht bedürfen – der goldene Ring gilt nichts bei den Gemüsehändlern, und die Wissenschaft gilt nichts dem Bademeister. Denn alles hat seine Zeit."

## 141. Tausch

Eine Frau war mit der biblischen Erzählung von der Erschaffung Evas nicht einverstanden und reklamierte beim Rabbi:

„Das ist schon eine etwas seltsame Geschichte, die euren Gott nicht eben im besten Lichte darstellt. Er wartet, bis Adam schläft, also ahnungslos oder betäubt ist, und dann nimmt ihm Gott heimlich eine Rippe aus dem Leib, um daraus eine Frau für ihn zu machen."

Die kluge und belesene Tochter war auch zugegen und bat ihren Vater, an seiner Stelle antworten zu dürfen. Der Vater, der das Blitzen in den Augen seiner Tochter zu deuten wußte, war selbst gespannt auf ihre Antwort und nickte gutmütig.

Die Tochter wandte sich der Besucherin zu und sagte beiläufig, so, als ob sie das Thema wechseln wollte:

„Ach, hast du schon gehört, daß letzte Nacht bei uns eingebrochen wurde? Der Dieb hat einen silbernen Löffel mitgenommen und seltsamerweise eine schöne goldene Schale dagelassen."

„Aber ich bitte dich, Kind. Da habt ihr doch einen vorteilhaften Tausch gemacht. Das ist doch kein Grund zur Klage", rief die Besucherin.

„Nein?" fragte lächelnd das Mädchen, „dann hast du auch keinen Grund, über Gott zu klagen, der dem Adam eine entbehrliche Rippe nahm und ihm eine unschätzbare Gefährtin gab."

## *142. Blüte*

Ein Schüler fragte den Meister, warum er Gott danken solle, denn Gott bedürfe seines Dankes doch gar nicht.

„Er nicht", antwortete der Meister, „aber du."

„Ich soll auf den Dank angewiesen sein, den ich dem Höchsten darzubringen bereit bin?" wunderte sich der Schüler. „Das ist doch ein Widerspruch in sich."

„Muß nicht die Pflanze erst blühen, bevor sie Früchte trägt?"

„Darin liegt ihre Bestimmung und Vollendung", sagte der Schüler.

„Die Dankbarkeit", sagte der Meister, „ist die Blüte des Geistes."

## 143. Versenkung

Vor einem Lotusteich saß der Meister in tiefer Meditation versunken. Die Beine verschränkt, die Hände offen in den Schoß gelegt und die Augen geschlossen, saß er kerzengerade da, und man konnte nicht einmal die Bewegung eines Atemzugs wahrnehmen. Sein Geist wanderte auf dem inneren Pfad, der herausführt aus der diesseitigen Welt.

Ein Unwissender kam vorbei und sah den Meister unbeweglich verharren. Er gewann den Eindruck, daß der Meister am hellichten Tag nichts Besseres zu tun hatte, als inmitten der schönen Umgebung ein Schläfchen zu halten. Empört zupfte er den Nichtsnutz am Ärmel.

„Die schönsten Stunden verschlafen und dem lieben Gott den Tag stehlen! Was bist du nur für ein Faulpelz! Schlafen kannst du, wenn du nach getaner Arbeit müde bist. Los, mache endlich die Augen auf und erfreue dich an der Herrlichkeit der Schöpfung, so lange du dazu noch eine Möglichkeit hast", empörte er sich in selbstgefälligem Eifer.

Langsam kehrte die Seele des Meisters von ihrer inneren Reise zurück.

„Ach, du Unwissender", sagte der Meister. „Alles, was du mit deinen Augen siehst, sind nur die äußeren Zeichen, Spiegelbilder der wahren Herrlichkeit, die im Strom der Zeit zerrinnen. Du suchst die Wirklichkeit in einem Spiegel, doch die Früchte, die du darin erblickst, können deinen Hunger nicht stillen. Die Nahrung, die deine Seele braucht, findest du nur in den Gärten deines Herzens.

Die Schimären dieser Welt lenken dich mit immer neuen Reizen ab, weil du die Stimme deines Herzens nicht hören willst, denn der schöne Schein ist dir lieber als der mühsame Weg der Entsagung des Weltlichen. So weißt du nichts von der wirklichen Welt in deinem Innern und läufst weiterhin deinem eigenen Schatten nach, auf der Suche nach dem, was du Glück nennst.

Doch wenn du aus deinem Traum von dieser Welt erwachst, wird es zu spät sein, deine Seele zu trösten. Denn glaube mir, Seligkeit findet allein der, der vor dem Sterben schon stirbt, für den der Tod nicht das Ende des Lebens ist, sondern für den der Beginn des Lebens bereits der Anfang des Todes ist. Wahrhaft glücklich ist der, der schon in diesem Leben an den Rosenhecken des Paradieses entlang geht und den Duft der Verheißung atmet."

## 144. Unterschied

Seit Wochen war der Meister durch das Land gewandert und hatte den Menschen von den heiligen Dingen erzählt. Eines Tages wurde er in das Haus eines reichen Händlers gebeten, der große Stücke auf seine Frömmigkeit und Gelehrsamkeit hielt. Er bat den Meister, ihm ein Kapitel aus dem Heiligen Buch vorzulesen. Das tat der Meister mit der Kunstfertigkeit des Wissenden, doch sein Gastgeber war davon nicht beeindruckt. Er nahm das Buch zur Hand und las nun das Kapitel mit gleichem Geschick dem Meister vor.

Nun bat er den Meister, ihm in schönster Schrift einen heiligen Vers aufzuschreiben. Der Meister hatte das Spiel längst durchschaut, doch tat er ihm den Gefallen. Daraufhin schrieb der Händler den Vers in der gleichen vollendeten Form wie der Meister.

„Wie du siehst, kann ich ebensogut das Heilige Buch lesen und die Heiligen Verse schreiben wie du. Warum sollte ich dich besonders achten oder dir ein Almosen geben? Wir sind uns doch ebenbürtig!" erklärte der Gastgeber.

„Ob du mich achtest oder mir ein Almosen gibst, ist allein deine Sache. Ebenbürtig sind wir uns jedoch nicht."

„Wieso denn nicht?" rief der Händler, der seine Eitelkeit verletzt spürte. „Ich habe es dir doch soeben bewiesen!"

„Das waren doch nur Worte, die du verglichen hast. Mit Verstehen hat das nichts zu tun. Wenn du dreißig Jahre über diese Worte nachgedacht, wenn du nur für sie gelebt hast, wenn du für ihre Wahrheit werbend durchs Land gezogen bist und müde und mit leeren Händen, aber mit frohem Herzen wieder heimkehrst, dann sind wir uns ebenbürtig."

## 145. Wichtig

Jemand fragte den Meister, welches die wichtigste Zeit, der wichtigste Mensch und die wichtigste Aufgabe im Leben eines jeden Menschen sei.

„Die wichtigste Zeit ist immer die Gegenwart", antwortete der Meister. „Denn nur in dieser Zeit kann der Mensch über sich bestimmen.

Der wichtigste Mensch ist der, mit dem du es gerade zu tun hast. Denn du kannst nicht wissen, ob es dir vergönnt sein wird, dich noch jemals mit einem anderen Menschen beschäftigen zu können.

Das Wichtigste, was du in deinem Leben tun kannst, ist jedoch, diesen Menschen aus ganzem Herzen zu lieben. Denn nur deshalb wurdest du in die Welt gesandt, um deine Mitmenschen zu lieben."

## 146. Belastend

Der Meister bemerkte einen Schüler, der traurig und bedrückt zu sein schien. Er ging zu ihm hin, setzte sich neben ihn und sagte:

„Schau auf diesen großen Felsbrocken. Ist er nun in deinem Geist oder außerhalb deines Geistes?"

„Wie du uns gelehrt hast, ist alles, was wir sehen und fühlen, eine Projektion des Geistes. Darum wird auch der Fels in meinem Geist sein."

„Ist es nicht außerordentlich belastend, einen so schweren Stein mit sich herumzuschleppen?" fragte der Meister.

## 147. Standpunkte

In einem Teehaus waren zur Mittagszeit Mönche aus zwei verschiedenen Klöstern eingekehrt. Einer wollte sich wichtig tun und erklärte:

„Mein Meister hat uns die Botschaft gelehrt, daß die Menschheit so lange nicht wirklich gut sei, bis nicht auch derjenige, dem kein Unrecht geschah, über ein Unrecht genauso empört ist, wie derjenige, dem das Unrecht angetan wurde."

Eine Zeitlang waren alle von diesem Gedanken beeindruckt. Dann sagte ein Mönch aus dem anderen Kloster:

„Mein Meister hat mir beigebracht, daß überhaupt niemand über irgend etwas empört sein sollte, bis er nicht sicher ist, daß das vermeintliche Übel auch wirklich ein Übel ist – und kein versteckter Segen."

## 148. Wahrheit

Ein Statthalter kam zum Meister und beklagte sich, daß in der Politik wie überall im Leben die Menschen so unwahrhaftig seien. „Es gibt Wahrheit und Wahrheit", sagte der Meister. „Die Menschen sollten die wahre Wahrheit lernen, bevor sie die relative Wahrheit benutzen. Doch sie machen es immer andersherum. Sie nehmen es darum mit der von Menschen geäußerten Wahrheit nicht so genau, weil sie fühlen, daß diese Wahrheit nur eine Erfindung ist."

Dem Statthalter war das allzu philosophisch: „Etwas ist entweder wahr, oder es ist unwahr. Ich bin entschlossen, die Menschen dazu zu zwingen, die Wahrheit zu sagen, bis sie sich daran gewöhnt haben, ganz selbstverständlich wahrhaftig zu sein."

Vor den Toren der Stadt ließ der Statthalter am nächsten Morgen Galgen aufstellen. Schergen standen bereit, und ein Ausrufer verkündete, wer immer durch das Stadttor gehen wolle, müsse zuerst auf die Frage des wachhabenden Offiziers hin die reine Wahrheit sagen. Der Meister hatte auf diesen Augenblick gewartet und trat als erster vor.

„Wohin willst du gehen?" fragte der Offizier. „Sage die Wahrheit, sonst wirst du unverzüglich gehängt."

„Dann bin ich ja richtig. Ich gehe, um an einem der Galgen dort aufgehängt zu werden", antwortete der Meister.

„Wie kann das sein? Ich glaube dir nicht!"

„Wenn du meinst, daß ich nicht die Wahrheit gesagt habe, dann hängt mich doch auf!"

„Aber das würde deine Worte zur Wahrheit machen!"

„Natürlich", sagte der Meister, „zu deiner Wahrheit!"

## 149. Vorsätze

Der Meister befand sich mit zahlreichen Passagieren auf dem mehr als vollbesetzten Schiff. Niemand hatte mit einem Sturm gerechnet, der das Schiff in schwere Seenot brachte. Das Schiff schlingerte auf mächtigen Wellen und drohte, in kürzester Zeit zu sinken.

Die Passagiere lagen auf den Knien und flehten um Rettung. Sie gelobten, gute Taten zu verrichten, bereuten ihre Sünden, versprachen große Spenden, schworen Besserung ihres Lebenswandels – wenn sie nur gerettet würden.

Allein der Meister blieb gelassen. Er hatte sicheren Halt gefunden, und es schien fast, als genieße er den wilden Tanz. Als die Panik unter den Leuten am größten war, sprang er plötzlich auf, hob beschwichtigend die Arme und rief:

„Ruhe, Ruhe, ihr Leute! Versprecht nicht zu viel. Ihr könnt bleiben, wie ihr seid. Ich sehe Land!"

## 150. Kleidsam

Der junge König wollte Flaggen und Fahnen, Mäntel und Schilde mit den neuen Farben seiner Herrschaft schmücken lassen. Doch seine Ratgeber konnten sich ebensowenig wie seine Freunde auf bestimmte Farben einigen.

Schließlich kam man darin überein, einen Boten zu einem weisen alten Gelehrten zu schicken und sich an seinen Rat zu halten. Nach einigen Tagen kam der Bote mit folgender Nachricht zurück:

Es gibt viele Farben, die alle unterschiedlich auf die Sinne wirken: Grün gefällt den Kindern, und Schwarz gebietet Ehrfurcht.

Die Farbe des Stoffes, der Könige am besten kleidet, findest du in keiner Färberei, und sie wird auf keinem Markte angeboten. Diesen Stoff mußt du ganz alleine weben aus dem Kettfaden der Langmut und dem Schußfaden der Großmut. Dieser Mantel steht dir am besten zu Gesicht.

## *151. Größe*

Der Meister war zu Gast beim Landesfürsten, den eine Mücke andauernd belästigte.

„Kannst du mir sagen, warum der Allmächtige die Mücken erschaffen hat?"

„Wenn zu nichts anderem, dann sind sie dazu geschaffen, um so von ihrer Größe und Bedeutung überzeugte Herren wie dich an ihr wahres Maß und ihre Machtlosigkeit zu erinnern", sagte der Meister. „Denn ungeachtet deines Ansehens und deiner Herrlichkeit zwingt das winzige Tierchen dir seinen Willen auf, und du kannst dich seiner Zudringlichkeit kaum erwehren."

## 152. Selbstredend

Zwei Schüler hatten einen Disput über die Vorzüge des Redens und die Überlegenheit des Schweigens. Der eine behauptete, Reden sei das kostbarste Gut auf Erden, und der andere rühmte das Schweigen als den größten Schatz der Menschheit. Da keiner den anderen überzeugen konnte, gingen sie zum Meister, um sich seinem Urteil zu unterwerfen.

Der Meister forderte jeden der beiden auf, die Richtigkeit seiner Überzeugung zu beweisen.

„Meister", sprach der eine, „könnte die Welt denn ohne Reden bestehen? Wie würden die Menschen sich denn verständigen, wenn sie nicht miteinander sprechen könnten? Wie würde man ohne Sprechen voneinander lernen und sich informieren können?"

Kaum aber fing der zweite Schüler an, seinen Standpunkt über das Schweigen darlegen zu wollen, da legte ihm sein Kontrahent die Hand über den Mund und hinderte ihn am Sprechen.

„Warum läßt du ihn denn seine Argumente nicht vortragen?" erkundigte sich der Meister.

„Ich habe durch das Wort die Vorzüge der Rede über das Schweigen bewiesen. Und er, der das Schweigen für wertvoller hält, will nun diese Vorteile durch reden beweisen. Darum habe ich ihn nicht zu Wort kommen lassen."

## 153. Reue

"Du behauptest doch, daß Gott in die Zukunft schauen kann", sprach ein Mann zum Meister. "Aber in den Heiligen Büchern steht geschrieben: ‚Und Gott bereute in seinem Herzen, daß er den Menschen geschaffen hat.' Wenn Gott die Zukunft kennt, hätte er doch zur Reue keinen Grund gehabt."

"Bist du der Vater eines Sohnes?" fragte der Meister.

"Ja, so ist es."

"Als dein Sohn geboren wurde, wie erging es dir da?"

"Ich war glücklich und lud ein zu einem großen Freudenfest."

"Und wußtest du nicht schon damals, daß dein Sohn irgendwann in der Zukunft würde sterben müssen?"

"Doch, natürlich. Aber daran denkt man im Augenblick der Freude nicht. In der Zeit der Freude wollte ich fröhlich sein, wenn die Zeit der Trauer kommt, werde ich traurig sein."

"Und so dachte auch Gott", sagte der Meister.

## *154. Äußerlichkeit*

Ein Gelehrter von großer Weisheit war dem Herrscher als kluger Ratgeber sehr beliebt. Seine verwachsene Gestalt und sein wenig anziehendes Aussehen war allerdings am Hofe immer eine Quelle heimlichen Gespötts.

Als eines Tages die Tochter des Herrschers ihn erblickte, rief sie verächtlich aus:

„Welch ein häßliches Gefäß für solch herrliche Weisheit!"

Der Gelehrte aber tat so, als wenn er den Spott gar nicht gehört hätte, und verwickelte die Prinzessin in ein Gespräch. Und als er merkte, daß sie ihre Beleidigung bereits vergessen hatte, fragte er sie:

„In welchen Gefäßen wird nach deiner Kenntnis der Wein deines Vaters gelagert?"

„In Krügen aus Ton", erwiderte die Tochter.

„Der kostbare Wein wird am Hof des Herrschers in billigen Tongefäßen gelagert, so wie es selbst die geringsten Leute tun? Ich kann es nicht glauben. Im Hause des Herrschers sollte der Wein in goldenen und silbernen Krügen aufbewahrt werden."

„Da hast du ganz recht", sagte die Prinzessin, und sie gab Befehl, den Wein aus den tönernen Krügen in Krüge aus Gold und Silber zu füllen.

Es dauerte nicht lange, und der Wein war sauer geworden. Erbost wollte der Herrscher wissen, auf wessen Weisung der Wein umgefüllt worden war. So erfuhr er von seiner Tochter, daß sein Ratgeber sie dazu veranlaßt hatte.

Er stellte den Gelehrten zur Rede und fragte sichtlich verärgert:

„Was hat dich dazu getrieben, mir einen solch üblen Streich zu spielen?"

„Deine Tochter, die nur auf Äußerlichkeiten Wert zu legen scheint, beleidigte mich wegen meiner Häßlichkeit mit der spöttischen Bemerkung: ‚Solch ein häßliches Gefäß für solch herrliche Weisheit!' Ich wollte ihr nur beweisen, daß sie sich durch äußere Schönheit nicht beirren lassen soll und daß unschöne Äußerlichkeit nichts über den Wert im Inneren aussagt."

## 155. Befriedigung

„Manche Menschen scheinen aus Prinzip unglücklich zu sein", sagte der Meister. „Denn aus ihrem Leiden gewinnen sie die befriedigende Einsicht, ihr Leben zu spüren, wie diese kleine Geschichte verdeutlicht:

Unaufhörlich vor sich hin murmelnd ‚Ach, geht es mir schlecht! Ach, geht es mir schlecht!' suchte eine Frau den Arzt auf. Er untersuchte sie, und da es sich um kein ernsthaftes Problem handelte, gab er ihr ein Mittel, das sofort wirkte.

Die Frau verließ den Arzt, unaufhörlich vor sich hin murmelnd: ‚Ach, ging es mir schlecht! Ach, ging es mir schlecht!'"

## 156. Der Weg

Zweimal in der Woche kamen viele Menschen zum Meister, um seine Worte zu hören und mit ihm zu meditieren.

Seit einigen Monaten kam auch regelmäßig ein junger Mann, der aufmerksam zuhörte, aber die Anweisungen des Meisters nicht in sein Leben übernahm.

Eines Abends kam der junge Mann etwas früher zu der Versammlung und traf den Meister allein an.

„Ich habe eine Frage, die mir keine Ruhe läßt und auf die ich keine Antwort finde", sagte der Mann. „Darum bitte ich dich, mich anzuhören und meine Dunkelheit zu erleuchten."

„So sage mir, was dich bedrückt, damit ich dich von deinem Zweifel befreien kann."

„Seit vielen Monaten komme ich regelmäßig mit vielen anderen Menschen hierher und habe bemerkt, daß sie alle unterschiedlichen Berufen angehören und unterschiedliche Temperamente haben, Männer und Frauen, Geistliche und Nonnen, Handwerker und Kaufleute, Angestellte und Beamte, junge und alte Menschen. Einige scheinen schon seit vielen Jahren hierher zu kommen, einige haben, wie ich zu erkennen glaube, das Ziel erreicht und sind zur vollen Erkenntnis gelangt. Anderen ist anzumerken, daß sie ihrem Leben eine andere Richtung gegeben haben und daß sie auf dem richtigen Weg sind.

Aber die meisten Leute, mich selbst eingeschlossen, sind doch so, wie sie schon immer waren. Sie haben sich nicht geändert, außer vielleicht, daß sie ein paar andere Gedanken haben. Jedoch sie ändern sich nicht. Warum ist das so? Die

Leute glauben an dich, deine Macht und dein Mitgefühl. Warum gebrauchst du deine Stärke nicht, um uns alle zu befreien und zur Erleuchtung zu führen?"

„Ich höre am Klang deiner Worte, daß du nicht aus dieser Gegend stammst. In welcher Stadt bist du geboren?" fragte der Meister.

„Ich stamme aus Bagra. Vor einigen Jahren kam ich in Geschäften hierher, und da es mir hier gefiel, habe ich mich hier niedergelassen."

„Hast du noch Verbindung zu deiner Heimatstadt?"

„Ja, meine Verwandten leben dort, und ich habe immer noch Geschäftsbeziehungen dorthin."

„Dann wirst du sicher oft nach Bagra gehen?"

„Einige Male im Jahr muß ich schon hin."

„Dann wirst du mittlerweile den Weg genau kennen?"

„Das will ich meinen. Ich würde den Weg sozusagen im Schlaf finden können."

„Und natürlich wissen deine Freunde und Nachbarn, daß du den Weg nach Bagra und den Weg zurück genauestens kennst, nicht wahr?"

„Ja, natürlich, alle, die mich etwas näher kennen, wissen davon."

„Dann ist es doch sicher schon einmal vorgekommen, daß einige von ihnen sich den Weg nach Bagra von dir haben erklären lassen. Hast du ihnen jemals etwas verheimlicht, oder erläuterst du ihnen den Weg so genau, daß sie sich zurecht finden würden?"

„Da gibt es doch keine Geheimnisse oder Abkürzungen. Ich schildere ihnen so einfach und klar wie es mir nur möglich ist, wie man nach Bagra gelangt."

„Und alle Leute, denen du so leicht verständlich den Weg erklärst, gelangen nach Bagra?"

„Nein, natürlich nicht! Einige nehmen nur den Weg nach Bagra, um an einen Ort zu gelangen, der auf der Strecke liegt, andere interessiert es nur, die hören darum nur zu, und nur die, die den Weg bis zum Ende gehen, werden Bagra auch erreichen."

„Du selbst gibst die Antwort auf deine Frage", sagte der Meister. „Zu mir kommen die Leute, weil sie wissen, daß ich den Weg bis zur höchsten Erkenntnis gegangen bin und ihn deshalb sehr gut kenne. Sie fragen mich nach dem Weg. Ich gebe Auskunft.

Wenn nun jemand sagt: ‚Sehr schöne Schilderung, interessanter Weg, aber ich habe mich entschlossen, aus welchen Gründen auch immer, keinen Schritt darauf zu gehen!' dann kann jener unmöglich das Ziel erreichen.

Ich zwinge niemanden, diesen Weg zu gehen, ich kann auch niemandem die Mühen des Gehens ersparen, ich nehme ihn nicht auf meine Schultern und zerre nicht an seiner Hand. Ich kann ihn sehr wohl in Liebe und Mitgefühl begleiten. Aber jeder Mensch muß ihn selber gehen, Schritt für Schritt. Wer einen Schritt getan hat, ist einen Schritt näher am Ziel, wer tausend Schritte getan hat, ist tausend Schritte näher am Ziel. Wer alle Schritte auf dem Weg gegangen ist, hat das Ziel erreicht. Du selbst mußt den Weg gehen, das kann kein anderer für dich tun."

## *157. Schritt*

*E*in Schüler, der viel und eifrig gelernt hatte, ging zum Meister und bat ihn um einen Rat.

„Ich habe viel studiert und fühle, daß ich viel weiß. Aber jetzt bedrückt mich mein Wissen fast, denn ich weiß nicht, wie ich es anwenden soll."

Freundlich nickte der Meister.

„Komme bitte einen Schritt näher zu mir."

Der Schüler tat, worum er gebeten worden war.

„Wie gut du dein Wissen anwendest", lobte der Meister. „Und jetzt tritt einen Schritt hinter dich."

## 158. Bedeutung

Zum Meister kam ein Mann, der ihn um eine einfache Regel für ein gutes Leben bat. Der Meister nahm den Stift und schrieb auf ein Blatt: „Achtsamkeit."

Verwundert schaute der Mann auf das Blatt und sagte:

„Soll das alles sein? Willst du nicht noch etwas ergänzen?"

Der Meister nahm den Stift und schrieb:

„Achtsamkeit. Achtsamkeit."

Verwirrt starrte der Mann auf das Blatt und verstand gar nichts.

„Ich sehe nicht viel Weisheit und Erleuchtung in dem einen Wort. Willst du mir nicht einen Kommentar für mein tägliches Leben dazuschreiben?"

Wieder ergriff der Meister den Stift und schrieb dreimal hintereinander:

„Achtsamkeit. Achtsamkeit. Achtsamkeit."

Jetzt war der Mann verärgert. Er fühlte sich nicht nur mißverstanden, sondern auch nicht ernstgenommen.

„Willst du mich verhöhnen? Was soll das denn, daß du mir sechsmal das Wort ‚Achtsamkeit' aufschreibst? Was bedeutet denn ‚Achtsamkeit' überhaupt?"

„Achtsamkeit bedeutet Achtsamkeit", sagte leise der Meister.

## 159. Verstehen

Die Schüler hatten gelernt, daß die Bedeutung hinter den Worten liegt. In der Stunde der Unterweisung sagten sie darum zum Meister:

„Wenn es so ist, daß die Worte nur ein Hilfsmittel sind, gelangen wir nie zu wahrer Erkenntnis. Zeige uns doch den Weg, ohne Worte zu gebrauchen."

„Gerne!" sagte der Meister. „Dann fragt mich bitte, ohne Worte zu gebrauchen."

## 160. Finden

Ein Schüler kam zum Meister, um Abschied zu nehmen. „Warum willst du uns verlassen und wohin willst du gehen?" fragte der Meister.

„Ich will einfach unterwegs sein, egal wohin, um mich selbst zu finden", erwiderte der Schüler.

„Aber warum glaubst du, dich woanders finden zu können als dort, wo du dich verloren hast?

Habe ich dir nicht von dem Manne erzählt, der seinen verlorenen Schlüssel suchte? Jemand wollte ihm behilflich sein und fragte, wo er ihn denn verloren hätte, und der Sucher antwortete ihm, dort bei der Tür habe er den Schlüssel verloren. Verwundert fragte der hilfsbereite Mann, warum er dann aber hier bei der Laterne suche, statt dort bei der Tür. Und der Sucher antwortete ihm, weil hier mehr Licht sei.

Du gleichst jenem Sucher. Besser ist es, dort zu suchen, wo du verloren hast – ganz gleich, wie dunkel es dort ist."

## 161. Selbstbewußt

Freunde und Schüler hatten den Meister eingeladen, in ihrer Heimat, die der Meister noch nie besucht hatte, zu sprechen und Unterweisungen zu geben. Gerne nahm er die Einladung an. Nach der Begrüßung stand man noch eine Weile plaudernd zusammen.

„Es ist interessant, was in der Stadt über dich geredet wird", sagte einer der Freunde.

„So, so", sagte der Meister.

In der Meinung, daß es den Meister interessieren müsse, erklärte er beflissen:

„Die Hindus meinen, du seiest ein Guru, die Buddhisten meinen, du seiest ein hoher Abt, die Muslime meinen, du seiest ein großer Imam, die Juden halten dich für einen bekannten Rabbi und die Christen meinen, du seiest einer der ihren."

„Mag sein, daß man hier so über mich redet. Als ich in der Hauptstadt war, hielten die Juden mich für einen Christen, die Christen nannten mich einen Muslim, die Muslime meinten, ich sei Buddhist, und die Buddhisten glaubten, daß ich besser zu den Hindus passe."

„Und wer bist du nun wirklich?" fragten gespannt seine Gastgeber.

„Haltet mich für einen, den weder die verstehen, die ihn verehren, noch jene, die ihn verachten. Wer meint, er sei der, für den er gehalten wird, der weiß selbst nicht, wer er ist."

## 162. Bedürftig

Ein reicher Kaufmann überbrachte dem Meister einen gut gefüllten Geldbeutel als Spende für wohltätige Zwecke.

„Das ist sehr viel Geld. Hast du noch mehr als das, was du gebracht hast?" fragte der Meister.

„Ja, habe ich."

„Und du möchtest noch mehr?"

„Ja, natürlich."

„Dann mußt du die Spende wieder zurücknehmen, denn du bist bedürftiger als ich. Ich habe nichts, und ich erwarte nichts. Du hast viel und willst immer noch mehr."

## 163. Barriere

„Wer hat dir geholfen, den Pfad der Erleuchtung zu gehen?" fragten Schüler den Meister.
„Ein Hund."

Die knappe Antwort rief Erstaunen und Gelächter hervor. Nachdem sich die Unruhe gelegt hatte, und auch die Vorwitzigsten sich weiterer Kommentare enthalten konnten, bestürmten sie den Meister, ihnen das Rätsel aufzudecken.

„Gerne saß ich im Schatten eines Baumes las und studierte, und ich war zufrieden mit mir und der Welt, denn ich wähnte mich auf einem guten Weg. Eines Tages kam ein streunender Hund daher. Abgemagert, auf drei Pfoten humpelnd und halbtot vor Durst schleppte er sich zu einem Wasserloch. Als er im Wasser sein Spiegelbild erblickte, sprang er entsetzt zurück, denn er hielt die Spiegelung für einen Widersacher. Noch zweimal näherte er sich dem Wasser und wich zurück. Ich meinte, ihm seine Qual ansehen zu können. Doch, als wenn der Schmerz den Drang gesteigert hätte, wurde sein Verlangen so groß, daß er sich mit letzter Kraft ins Wasser warf. Der Widersacher war verschwunden, und nur er selbst war das Hindernis gewesen.

Dieses Erlebnis gab meinem Leben eine neue Richtung. Was ich für mein Selbst gehalten hatte, war mein Hindernis, das es zu überwinden galt. Ein Hund hat mir die Richtung gewiesen."

# IX. Ein Lächeln für die Seele

## 164. Gute Gedanken

Ein Schüler fragte den Meister: „Ich sehe viele Menschen in deiner Nähe, die immer lächeln. Meistens mit den Augen, oft aber mit dem ganzen Gesicht. Das ist schön anzusehen, aber auch ein wenig langweilig. Haben die denn keine Gefühle, sind sie nie traurig oder mißmutig?"

„Das Lächeln ist nur eine Form der Meditation", erklärte der Meister. „Eine Übung in Harmonie. Denn ein Lächeln ist der Ausdruck eines schönen Gedankens.

Wenn sich einmal keine schönen Gedanken in deinem Innern finden sollten, dann versuche ein Lächeln. Ein Lächeln schenkt dir ein schönes Gefühl. Und ein schönes Gefühl schenkt dir schöne Gedanken, und schöne Gedanken schenken ein Lächeln. Und ein Lächeln schenkt ein Lächeln."

## 165. Sparsam

Ein berühmter Schauspieler, der in allen Spitzenhotels der Welt noch mehr für seine unausstehliche Arroganz als für sein schauspielerisches Talent bekannt war, traf für einen kurzen Aufenthalt in dem soeben eröffneten Tophotel ein. Er war es gewohnt, daß man viel Aufhebens um seine Person machte, und er erwartete, daß der Empfangschef und der Direktor höchstpersönlich bereitstanden, wenn er vorfuhr.

Erst verwundert, dann zornig, nahm er zur Kenntnis, daß er lediglich vom Portier des Hauses empfangen wurde.

„Hat man keinen Würdigeren zu meiner Begrüßung schicken können?" raunzte er in herablassendem Ton den Portier an.

„Hätten wir durchaus, da gibt es schon noch einige", antwortete der Portier. „Doch mit den besseren Leuten sparen wir – die schicken wir nur zu würdigeren Gästen."

## 166. Unentschieden

Ein Reisbauer erhielt zwei Einladungen zu verschiedenen Festen, die beide am gleichen Tage gefeiert werden sollten: In einem Dorf, weit unten am Fluß, wollte ein Freund ein üppiges Mahl mit Ziegenbraten anrichten, während ein anderer Freund den Mann zum Schlachtfest mit Büffelbraten in sein Dorf am Oberlauf des Flusses geladen hatte. Da war guter Rat nun teuer: Gut gewürztes Ziegenfleisch gab es nicht alle Tage, und für einen köstlichen Büffelbraten würde jedermann meilenweit gehen.

So wandte sich auch der Reisbauer dem Büffelfest zu und schritt kräftig flußaufwärts. Nach einigen Meilen bedrängte ihn plötzlich der Gedanke, daß er sich immer weiter von dem Ziegenbraten entfernte, je weiter er flußaufwärts strebte. Er ging langsamer, um besser nachdenken zu können.

„An so einer Ziege ist ja gar nicht so viel Fleisch", überlegte er. „Es wird darum auch eine Ziege viel schneller verzehrt sein als ein ganzer Büffel. Wenn ich jetzt also umkehre, bekomme ich sicher noch etwas vom Ziegenbraten ab. Und wenn ich mich danach rasch verabschiede, wird noch reichlich Fleisch vom Büffel für mich übrig sein, wenn ich oben im Dorf ankomme."

Das schien ihm ganz logisch zu sein, und er freute sich, dank seiner Klugheit doch noch einen Weg gefunden zu haben, der es ihm ermöglichte, auf keinen der beiden Genüsse verzichten zu müssen. Eilig war er umgekehrt und eilte zu dem Dorf am unteren Flußlauf. Ziemlich außer Atem und hungrig erreichte er den Festplatz, doch er traf dort nur seinen Freund an.

„Wo warst du denn so lange? Ich hatte das beste Stück Ziegenfleisch für dich aufgehoben, aber da du dich nicht blicken ließest, habe ich es schließlich unter den Gästen verteilt. Schade, nun ist nichts mehr übrig."

Ungläubig starrte der Reisbauer seinen Freund an, machte auf dem Absatz kehrt und rannte flußaufwärts. Meile um Meile lief er, aber der Hunger ließ seine Schritte nicht schneller werden. Nur die Vorstellung, sich am Büffelbraten nun doppelt schadlos zu halten, trieb ihn voran.

Schweißbedeckt und hungrig kam er mit zitternden Knien endlich beim Haus des Freundes an. Ach, wie fein es duftete nach Büffelbraten und gewürztem Reis. Voller Freude auf einen herzhaften Bissen stieß er das Haustor auf, und er bemerkte erst jetzt, wie merkwürdig still es bei dem Gelage zuging.

„Hallo, mein Freund, wo kommst du denn her?" rief der Gastgeber ihm entgegen. „Mit dir hat nun niemand mehr gerechnet. Und ich hatte das beste Bratenstück extra für dich aufbewahrt. Doch schließlich habe ich es unter den Gästen aufgeteilt, die vor einer halben Stunde gegangen sind. Schade für dich. So bald wird es nicht wieder Büffelbraten geben."

## 167. Falsch gepolt

Ein Schüler beklagte sich beim Meister, daß er bei den Übungen und bei der Meditation ständig starke Kopfschmerzen bekomme.

„Was hat denn der Kopf damit zu tun?" rief der Meister aus. „Das ist Sache des Herzens!"

## 168. Erhört

Die Sonne stand hoch am Himmel und brannte unbarmherzig auf den Mönch hernieder, der sich erschöpft und durstig den Berg hinaufschleppte. Seine müden Füße schlurften über die schmale Straße, und so geschah es, daß er stolperte und auf die Knie fiel. Ermattet blieb er hocken, faltete die Hände und flehte:

„Ach, lieber Gott, habe doch Mitleid mit mir und schicke mir ein Pferd. Aber wenn du meinst, ich sei ein zu großer Sünder, der kein großes Pferd verdient hat, dann schicke mir doch ein kleines Pferd. Ein Pferdchen tut's auch!"

Mühsam stand er auf und schlurfte weiter bergan. Da hörte er mit einem Mal das Hufgetrappel eines Pferdes näherkommen. Auf einer feurigen Stute stürmte ein Reiter heran, der stark bewaffnet war und seinem Pferd ungeduldig die Sporen gab. Denn er kam wohl nicht so schnell voran, wie er es wünschte, da er an einer Leine, die er am Sattelknopf befestigt hatte, das junge Fohlen der Stute mit sich führte. Von der Leine gezogen und gezerrt, stakste und stolperte das Pferdchen hinter dem wilden Reiter her. Schaumiger Schweiß schimmerte auf seinem Fell, und es gab keinen Zweifel, daß das Fohlen mit seiner Kraft am Ende war.

„He, du nichtsnutziger Kerl", brüllte der Reiter den armen Mönch an, „vollbringe mal eine gute Tat, und nimm dir mein hoffnungsvolles Fohlen auf die Schultern. Dann trage es den Berg hinauf, sonst ist es noch ganz verdorben, bevor wir oben ankommen."

Der Mönch sah wohl ein, daß der Reiter keinerlei Respekt vor seiner Kutte hatte und ihm in dieser einsamen Gegend auch niemand zur Hilfe kommen würde, falls es ihm einfallen sollte, sich dem harschen Befehl zu widersetzen. Seufzend beugte er sich unter den Bauch des Fohlens, umschlang Vorder- und Hinterbeine mit den Armen, stemmte sich ächzend hoch und wankte Schrittchen für Schrittchen hinter dem Reiter her.

„Ach, mein Gott", stöhnte der Mönch. „Ich habe nie gedacht, daß du meine Bitte nach einem kleinen Pferd so rasch erfüllen würdest. Aber in meiner Schwäche scheine ich sehr undeutlich gesprochen zu haben, oder du hast mich mißverstanden. Oder willst du mir etwas Bestimmtes damit sagen? Was wäre geschehen, wenn ich dich nicht um etwas gebeten hätte, sondern dir statt dessen gedankt hätte, daß ich auf meinem Weg schon so weit und heil voran gekommen war?"

## 169. Strategie

Mit einem prall gefüllten Leinensack auf den Schultern war ein Mann seit den frühen Morgenstunden unterwegs zur nächsten Kreisstadt. Dort wollte er die herrlichen Filzhüte verkaufen, die er hergestellt hatte und die seine Frau und seine Tochter in mühevoller Arbeit mit bunt bestickten Bändern aufs schönste geschmückt hatten.

Gegen Mittag hatte er sich einem Wäldchen genähert, und als die Sonne am höchsten stand, beschloß er, im Schatten der Bäume ein wenig auszuruhen. Er lagerte sich unter einem schattigen Baum, aß ein Stückchen Brot, nahm einen Schluck Wasser dazu und war nach dem kärglichen Mahl alsbald in einen kleinen Schlummer gesunken.

Als er leise schnarchte und sich nicht mehr rührte, kamen neugierige Affen immer näher. Sie hatten den Hutmacher hinter dichten Blättern genau beobachtet und hofften, ihm irgendeine Beute abjagen zu können. Vorsichtig kletterte der erfahrenste Affe den Baum hinab und schlich zu dem Leinensack, der an den Baum gelehnt war. Er drückte ihn hin und her, bis er schließlich umfiel. Da purzelte aus dem halb verschlossenen Sack einer der bunten Hüte, wie auch der Schlafende einen noch halbwegs auf dem Kopf hatte. Der Affe machte es ihm nach und setzte sich das Ding ebenfalls auf den Kopf.

Nun gab es für die anderen Affen kein Halten mehr, jeder wollte nun so einen Hut haben. Sie sprangen den Baum herunter, und bald war eine Rangelei um die Hüte im Gange.

Das Gekreische der Affen weckte den Hutmacher jäh aus seinem Schlummer. Laut schreiend sprang er auf, als er sah, was mit seinen Hüten geschehen war. Entsetzt stoben die Affen mit den Hüten davon und flohen auf die Bäume.

Unten sprang schimpfend und tobend der Hutmacher hin und her, und über ihm in den Bäumen sprangen die Affen ausgelassen von Ast zu Ast.

„Ihr verfluchten Diebe!" schrie der Hutmacher und schüttelte drohend seine Fäuste. „Gebt mir meine Hüte zurück!"

Die Affen machten es ihm nach, hoben die Hände und sprangen von einem Bein auf das andere.

„Ihr böswilligen Schurken!" schimpfte der Hutmacher. „Für euch ist das ein Spiel, aber für mich und meine Familie bedeuten die Hüte Nahrung für den kommenden Winter."

Verzweifelt hockte er sich auf den Boden und wußte in seinem Kummer nicht mehr aus noch ein. Als er endlich den Blick wieder hob, bemerkte er, daß auch die Affen sich hingesetzt hatten und ihn neugierig beäugten, gespannt, was er als nächstes zu tun gedachte. Da kam dem Hutmacher eine Idee: Wenn die Affen ihm alles nachmachen ...

Und da sprang er in gespielter Wut auch schon wieder auf, schimpfte und tobte.

Auch die Affen sprangen wieder auf, kreischten, hüpften auf den Ästen herum und schüttelten die Zweige, daß die Blätter rauschten.

Und der Hutmacher steigerte sich noch in seinem Tanz, bis er sich mit einer schwungvollen Bewegung seinen Hut vom Kopfe riß und ihn heftig auf den Boden schleuderte.

Und alle Affen nahmen die Hüte ab und warfen sie auf die Erde, daß es dem Hutmacher schien, als würde es Hüte regnen. Rasch sammelte er sie in seinen Sack, den er gut verschloß, und suchte schleunigst das Weite.

„Man muß sich nur verständigen können", dachte er und freute sich, daß sich alles zum Guten gewendet hatte.

## *170. Angepaßt*

Zum einzigen Kirchweihfest im weiten Umkreis waren auch die Bewohner aus den Nachbardörfern gekommen. Der Pfarrer wandte sich an einen sympathischen Mann mit der Frage:

„Sagen Sie, warum sehe ich Sie nie in meinem Gottesdienst, da es doch sonst keine Kirche weit und breit gibt?"

„Ich kann nicht", sagte der Bauer etwas betreten.

„Warum können Sie nicht? Sie haben doch Pferd und Wagen."

„Am Weg liegt's nicht."

„Sondern?"

„An der Predigt."

„Zu langweilig?"

„Nein. Zu schwierig."

„Zu verstehen?"

„Nicht die Worte."

„Sondern?"

„Die Forderungen."

„Welche Forderungen?"

„Die Gebote."

„Ja, und?"

„Auf der Kanzel sagen Sie immer: Tu dies nicht, tu das nicht. Liebe deinen Nächsten. Du sollst nicht stehlen. Du sollst nicht begehren ... und lauter solche Sachen. Sie kennen unser Dorf nicht. Wenn ich mich daran halten würde, würde ich zum Gespött der Leute!"

## 171. Gewonnen

Das Schiff lag in einem südlichen Hafen und mußte entladen werden. Säcke mit Reis stapelten sich meterhoch in seinem Rumpf, doch kein Hafenarbeiter rührte auch nur einen Finger. Denn es war Mittagszeit, und die Sonne brannte hernieder. Die Männer hatten sich zu schattigen Plätzen zurückgezogen und ruhten sich aus.

Nur der Kapitän und der Händler liefen ungeduldig auf und ab.

„Ist denn niemand da, der wenigstens einmal anfängt, mein Schiff zu entladen? Es kann doch nicht ewig hier liegenbleiben, ich muß weiter", beschwerte sich der Kapitän.

„Ich will natürlich auch meine Ware so schnell wie möglich, doch glaube mir, in den nächsten vier Stunden wird hier nichts passieren", erwiderte der Händler. „Ich lebe schon lange hier und kenne die Gewohnheiten der Leute. Ich zeige dir einmal, von welcher Art sie sind."

Der Händler holte ein Goldstück aus seinem Beutel, hielt es hoch, daß es in der Sonne blinkte und rief mit lauter Stimme in die Runde: „Wer von euch der größte Faulpelz ist, soll dieses Goldstück zur Belohnung erhalten!"

Mit einem Satz waren die Männer auf den Beinen und griffen nach dem Goldstück.

Nur einer war im Schatten liegen geblieben und rief mit müder Stimme: „Bringt's her."

## 172. Auslegung

Einem Mann juckte es in den Händen, seinem Pfarrer, der sich in einer Meinungsverschiedenheit auf die Seite seiner Gegner geschlagen hatte, einmal deutlich zu zeigen, was er von ihm hielt. Die Gelegenheit war günstig, als sich an einem Montag zufällig ihre Wege kreuzten.

„Und du glaubst selbst an das, was du gestern gepredigt hast: ‚Wenn dir jemand auf die rechte Wange schlägt, dann biete ihm auch die andere dar?'" fragte der Mann den Pfarrer.

„Ja natürlich. Ich kann's nicht ändern, denn so steht es schwarz auf weiß im Evangelium", antwortete der Pfarrer.

Da holte der Mann aus und versetzte dem Pfarrer erst rechts, dann links eine heftige Ohrfeige.

Der Pfarrer schüttelte benommen den Kopf.

„Du willst es also ganz genau wissen. So lasse dir gesagt sein, was auch geschrieben steht: ‚Mit welchem Maße ihr meßt, mit dem werdet ihr gemessen werden.'"

Und versetzte dem verblüfften Mann zwei genauso heftige Ohrfeigen in das eben noch grinsende Gesicht.

Eine ältere Frau rief ganz aufgeregt: „Um Gottes Willen, was geht hier vor? Unser Pfarrer prügelt sich!"

„Nein, nein", sagte einer der Passanten, die stehen geblieben waren. „Das sehen Sie falsch. Sie prügeln sich nicht. Sie erklären einander das Evangelium."

## 173. Alternative

Eines Nachts, bei Vollmond, hatte sich eine Kuh aus ihrem Stall befreit und spazierte auf dem Hof herum. Da fand sie einen großen irdenen Topf, der halb mit Weizen gefüllt war. Die Kuh konnte nicht widerstehen. Sie fraß und fraß, und als sie in ihrer Gier ihren mächtigen Kopf immer weiter in den Topf gezwängt hatte, um auch das letzte Korn zu erwischen, da geschah es, daß ihr Kopf im Topf stecken blieb und sie sich von ihm nicht mehr befreien konnte.

Sie schüttelte den mächtigen Kopf und stieß in ihrer Blindheit bald hier und bald da an. Das Gepolter und ihr seltsam gedämpftes Brüllen weckte den Bauern, seine Familie und Dienstleute. Sie alle kamen gelaufen und versuchten, die Kuh aus ihrer unglückseligen Lage zu befreien. Doch es gelang ihnen nicht, den Topf vom Kopf der Kuh zu lösen.

„Ich gehe und wecke den Bürgermeister", sagte der Bauer. „Er ist der Klügste im Ort und weiß sicher einen guten Rat."

Etwas mürrisch, weil er aus dem schönsten Schlummer geweckt worden war, hörte sich der Bürgermeister die kuriose Geschichte an.

„Nun ja, mein Lieber", sagte der Bürgermeister, „es wird am einfachsten sein, wenn du eine Lage Stroh auf deinem Hof aufschüttest, die Kuh dahin führst und ihr hilfst, sich aufs Stroh zu legen. Wenn sie sich dann beruhigt hat, befreist du sie mit einem gezielten Stich oder Schuß von ihrem Leiden. Dann kannst du ihr den Topf abnehmen. Sollte das dann aber immer noch nicht gelingen, dann komme ruhig noch einmal her, damit ich dir ein in jedem Falle wirksames Mittel empfehlen kann."

Der Bauer tat alles genau so, wie es ihm der Bürgermeister geraten hatte. Doch im Morgengrauen war er wieder beim Bürgermeister.

„Wir haben es genau so gemacht, wie du es mir erklärt hast. Aber auch jetzt können wir den Topf nicht vom Kopf der Kuh herunterziehen. Darum will ich gerne das unfehlbare Mittel von dir wissen."

„Ach, das ist ganz einfach", sagte der Bürgermeister. „Zerschlage den Topf."

## 174. Beweis

Ein König war für seine unberechenbare Launenhaftigkeit berühmt und gefürchtet. Darum fand sich kaum ein ehrenhafter Gelehrter in seinem Reich, der unter seiner Herrschaft ein hohes Amt zu übernehmen bereit war.

Um diesem Mangel abzuhelfen, ließ der König die klugen Männer seines Landes eines Tages zusammenrufen und stellte ihnen eine Reihe schwieriger Fragen. Und wer von den Gelehrten meinte, daß er sich dumm stellen könne, den hatte der grausame Herrscher bald entlarvt und ließ ihn von seinen Schergen wegen Majestätsbeleidigung hinausführen.

Auf eine schwierige Frage wußte nur ein alter Philosoph die richtige Antwort, und deshalb bestimmte der König ihn zum obersten Richter seines Reiches. Doch wollte der Philosoph keinesfalls ein Amt am Hofe des Königs übernehmen und sehnte sich nur nach seinen Büchern und seinen Schülern zurück. Er verbeugte sich vor dem Herrscher und sagte:

„Ich danke dir für die Ehre, mein König, doch kann ich die mir zugedachte Würde nicht annehmen, denn es gibt sehr viel bessere Männer als mich in deinem Reich, von denen jeder geeignet ist, das Amt des obersten Richters zu übernehmen."

Dem König war bei dieser Widerrede die Zornesader geschwollen.

„Du lügst", herrschte er den Philosophen an.

„Herr, da du selbst festgestellt hast, daß ich lüge, kann ich schlecht dein oberster Richter sein."

## 175. Vorsehung

Ein Bauer ging zielstrebig seines Weges. Unterwegs begegnete ihm ein weiser Mann, der ihn fragte, welches das Ziel seiner Wanderung sei.

„Ich gehe zum Markt", antwortete der Bauer. „Ich will mir dort endlich einen guten Esel kaufen, für den ich so lange gespart habe. Ich freue mich schon darauf, daß ich am Abend auf seinem Rücken reiten werde und den ganzen Weg nicht nochmals laufen muß."

„Ich wünsche dir Glück bei deinem Kauf. Aber so solltest du dennoch nicht reden", meinte der Weise. „Man weiß nie, was kommen kann. Denn nicht allein von deinem Wollen hängt dein Schicksal ab. Darum sagt der fromme Mann zu allen seinen Vorhaben: ,So Gott will, werde ich ...'"

„Na, was soll schon groß passieren", entgegnete frohgemut der Bauer, „hier im Beutel ist mein Geld, dort sieht man schon die Stadt, da ist der Markt, wo mein Esel schon auf mich wartet. Oder glaubst du, daß Gott sich in so eine Belanglosigkeit wie den Kauf eines Esels einmischt?"

In der Stadt trennten sich ihre Wege. Der Bauer eilte zum Markt und hielt nach dem prächtigsten Esel Ausschau. Wie immer herrschte am Markttage ein fürchterliches Gedränge, das für Taschendiebe ein hervorragendes Betätigungsfeld war.

Entsetzen befiel den fröhlichen Bauern, als er nach langem Feilschen den ausgehandelten Preis bezahlen wollte und feststellte, daß sein Geldbeutel gestohlen worden war. Da hatte er außer dem Schaden auch noch den Spott der Leute zu ertragen. Bedrückt schlich er sich zur Stadt hinaus.

Auf seinem Heimweg begegnet ihm wiederum der Weise, der ihn verwundert fragte, warum er denn keinen Esel gekauft habe.

Mißmutig antwortete der Bauer: „So Gott will, gehe ich jetzt heim. Denn man hat mir, so Gott will, meinen Geldbeutel gestohlen. Und, so Gott will, wird der Dieb seines Raubes nicht froh werden und, so Gott will, für seinen Diebstahl hinter Schloß und Riegel kommen."

## *176. Einleuchtend*

Ein Mann lief durch die Einkaufsstraßen auf der Suche nach einem Lampengeschäft. Schließlich sprach er einen Passanten an und bat um Auskunft. Der war auch ganz hilfsbereit und erklärte, es gäbe verschiedene Geschäfte in der Nähe, und ob er denn etwas Spezielles suche.

„Ja, eigentlich schon", sagte der Fremde. „Ich habe von Lampen gehört, die es einem ermöglichen, auch im Dunkeln zu lesen."

„Ja, in der Tat, solche Lampen gibt es. Aber sie funktionieren nur unter einer bestimmten Bedingung."

„Ach ja? Und die wäre?"

„Man muß lesen können."

## *177. Frist*

Ein reicher Mann beschuldigte seinen Nachbarn vor dem Richter, daß dieser ihm seit zwei Jahren eine große Summe Geld schulde und nicht bereit sei, sie ihm zurückzuzahlen.

„Was hast du zu dieser Anklage zu sagen?" fragte der Richter.

„Daß ich ihm die Summe schulde, stimmt. Daß ich ihm das Geld nicht zurückgeben will, stimmt nicht, wie er selbst genau weiß. Denn er ist ja selbst der Grund für mein Versäumnis. Schon seit zwei Jahren bitte ich ihn, mir doch wenigstens eine Woche Zeit zu geben, damit ich das Geld besorgen kann – und er lehnt es jedesmal ab."

## 178. Plausibel

Mit großer Prachtentfaltung zog der König in Begleitung eines stattlichen Gefolges in die festlich geschmückte Stadt ein. Flöten, Schalmeien und Trommeln erklangen, doch der König wunderte sich, daß der ihm gebührende dreifache Kanonendonner als Ehrensalut ausblieb. Er schickte seinen Minister, der vom Bürgermeister Rechenschaft verlangte.

„Was unterstehst du dich, die Regeln des königlichen Protokolls zu verletzen? Wohnen in dieser Stadt denn lauter Schlafmützen, die noch nicht einmal in der Lage sind, rechtzeitig zum Einzug des Herrschers drei Kanonen abzufeuern?"

„Herr", sagte der Bürgermeister mit untertäniger Verbeugung, „selbstverständlich hätten wir unserem König auch in diesem Punkte gerne die Ehre erwiesen, doch hundert Gründe zwangen uns, darauf zu verzichten."

„Ach ja? Und welche Gründe sind das?"

„Erstens: Wir haben keine Kanonen."

„Laß es gut sein, Bürgermeister", lachte der Minister, „deine neunundneunzig weiteren Gründe können unmöglich überzeugender sein."

## 179. Kurzsichtig

Zwei alte Männer saßen auf der Parkbank und erfreuten sich am Sonnenschein, den Blumen und am bunten Treiben ringsum.

„Was wirst denn du Gutes über dein Leben sagen können, wenn du am Jüngsten Tage vor den Richter gerufen wirst", fragte der Frömmere.

Der andere zuckte die Schultern und sagte lakonisch: „So lange lebt doch ohnehin niemand."

## 180. Anstand

Der schwedische Dichter August Strindberg erzählt eine Fabel, die wohl leider immer aktuell bleiben wird:
„Mama, schau mal wie gräßlich", rief das kleine Schneehuhn, als es aus dem Tal wieder auf die Felskuppe kam, „da unten sind Vögel, die ihre nackten Beine zeigen."

„Schlechte Gesellschaft für junge Mädchen", sagte die Mutter und fuhr sich mit dem Schnabel über ihre weißen Hosen, die bis an die Krallen hinabreichten. „Wer sind denn diese entsetzlichen Geschöpfe? Wo kommen die denn bloß her?"

„Das weiß ich nicht", antwortete die Tochter.

Die Mutter wollte der Sache auf den Grund gehen, kroch durch Heidekraut und Krähenbeeren und kam zu einem Birkengehölz. Da saß, niedergekauert, eine Gruppe Rebhühner, die sich aus den gemähten Feldern des Landes verirrt hatten. Und bei allen waren die Fußgelenke nackt, so wie der Schöpfer sie gemacht hatte.

„Wo kommt denn ihr her, ihr schamlosen Geschöpfe?" rief Mutter Schneehuhn.

„Wir kommen aus dem Süden. Da ist es so warm, daß es einfach unmöglich ist, in langen Hosen zu gehen", antwortete ein Rebhuhn.

„Dann geht gefälligst dahin zurück, wo ihr herkommt, und zwar schnellstens. Wir wollen von eurer unanständigen Kleidung nichts wissen in unserem gesitteten Land", entrüstete sich das Schneehuhn.

„Ach, wie schön züchtig seid ihr in eueren weißen Hosen", spottete das Rebhuhn.

„Ganz recht, meine Dame, wir haben das natürliche Schamgefühl noch nicht verloren!"

„Leeres Geschwätz!" erwiderte das Rebhuhn. „Ihr tragt lange Hosen nicht aus Schamhaftigkeit, sondern nur wegen der Kälte!"

Und alle Rebhühner riefen im Chor:

„Nicht aus Schamhaftigkeit, sondern nur wegen der Kälte!"

## 181. Vorrang

Ein König pflegte seine Mahlzeiten gemeinsam mit seinem vertrauten Minister einzunehmen, um bei dieser Gelegenheit mit ihm nicht nur über Staatsgeschäfte sprechen zu können. Zu einem Essen hatte der Koch sich besonders angestrengt, denn es gab den ersten Spargel im Jahr, der mit besonderer Sorgfalt und Raffinesse zubereitet worden war.

Der König war hochzufrieden mit den dargereichten Gaumenfreuden. Genießerisch seufzend lehnte er sich zurück, tupfte die Lippen ab, trank ein Schlückchen Wein und sagte: „Bist du nicht auch der Meinung, daß Spargel das köstlichste Gemüse auf der Welt ist?"

„Natürlich, Majestät", bestätigte der Minister.

„Wie schön, daß wir den gleichen Geschmack haben. Ich finde, daß man Spargel gar nicht oft genug essen kann. Ab heute gibt es Spargel zu jeder Mahlzeit."

Und bereits am Abend wurde ein köstlicher Spargelsalat aufgetragen. Von nun an aß man Spargel zu jeder Mahlzeit – eine Woche lang.

Am achten Tage rief der Herrscher: „Nehmt sofort den Spargel weg! Ich kann Spargel nicht ausstehen! Ich will auf meinem Tisch nie wieder Spargel sehen!"

„Es ist einfach ungenießbar", stimmte der Minister zu. „Ich bin heilfroh, wenn ich keinen Spargel mehr essen muß."

„Nun, das wundert mich aber", entgegnete der König. „Hast du nicht vor einigen Tagen den Spargel in höchsten Tönen als das köstlichste Gemüse gelobt?"

„Doch, das habe ich getan. Aber schließlich diene ich meinem König und nicht dem Gemüse."

## 182. Nicht bewußt

Eine Frau fragte ihre Freundin: „Warum beantwortest du seit einiger Zeit eigentlich jede Frage mit einer Gegenfrage?"

Die Freundin entgegnete: „Ach, tue ich das wirklich?"

## 183. Wärme

In diesem Jahr war der Winter früher als in anderen Jahren hereingebrochen. Es herrschte eine klirrende Kälte, und der Schnee lag meterhoch. In einer warmen Wirtsstube saßen die Freunde am Stammtisch und schlürften heißen Grog.

„Die Kälte ist ja nicht auszuhalten", meinte einer der Freunde.

„Ach, wir hatten doch schon kältere Winter. So schlimm ist das gar nicht. Wir haben uns nur noch nicht an das Wetter gewöhnt, weil der Winter diesmal so früh kam", widersprach Peter.

Die Freunde fühlten sich herausgefordert.

„Also gut. Wenn du meinst, du kannst die Kälte gut aushalten, dann versuche doch, die ganze Nacht auf dem Kirchplatz auszuharren. Du darfst nur nicht versuchen, dich irgendwie zu wärmen. Wenn du das schaffst, laden wir dich zu einem riesigen Essen ein. Aber wenn du nicht durchhältst, mußt du uns alle einladen."

Peter war einverstanden. Die Probe zu bestehen, war für ihn eine Sache der Ehre.

Die ganze Nacht stand er in der Eiseskälte auf dem Kirchhof. Die Kälte ging ihm durch und durch. Aber er wollte durchhalten, und er hielt durch.

Endlich graute der Morgen, und seine Freunde näherten sich neugierig, um zu schauen, wie es ihm ergangen sei. Sie klopften ihm auf die Schultern, schenkten ihm Schnaps und heißen Tee ein und fragten, wie er die Nacht überstanden habe.

„Es war schon hart", sagte Peter. „Mehr als einmal hatte ich das Gefühl, nicht durchhalten zu können. Ich wäre fast erfroren."

„Das glaube ich kaum", wandte einer der Freunde ein. „Wir hatten doch vereinbart, daß die Wette nur gelten würde, wenn du dich nicht irgendwie wärmen würdest. Aber als ich in der vergangenen Nacht einmal heimlich nach dir schaute, habe ich gesehen, daß in dem Fenster des Hauses da drüben eine Kerze brannte. Daran hast du dich gewärmt."

Da johlten die Freunde: „Pech für dich. Du hast verloren. Heute abend lädst du uns alle ein!"

Peter machte gute Miene zum bösen Spiel, denn er sah wohl, daß sich die Freunde auf seine Kosten amüsieren wollten. So kamen sie auch am Abend alle in sein Haus und setzten sich an den gedeckten Tisch: Teller, Besteck und Gläser waren gerichtet, nur das Essen fehlte noch.

Sie unterhielten sich mit Geschichten und Scherzen und waren guter Stimmung. Doch die Zeit verging, und noch immer wurde das Essen nicht aufgetragen.

„Wann ist das Essen denn endlich fertig?" wollten sie wissen.

„Es kann nicht mehr lange dauern. Geduldet euch noch eine Weile", bat Peter.

Die Weile dehnte sich immer weiter. Ihre Vorfreude drohte in Mißmut umzuschlagen. Daß ein Essen drei Stunden zum Garen braucht, konnten sie sich nicht erklären.

„Wir gehen jetzt in die Küche und sehen selbst nach."

Peter zuckte unbekümmert mit den Schultern. Er ging ihnen voraus und öffnete die Küchentüre.

Da sahen die Freunde zu ihrem Erstaunen auf einem Dreifuß einen gewaltigen Kessel stehen, unter dem eine kleine Kerze brannte.

„Was soll denn das? Willst du uns auf den Arm nehmen? Wie willst du denn mit einer kleinen Kerzenflamme das Essen in einem so großen Topf zum Kochen bringen?"

„Was fragt ihr mich?" entgegnete Peter. „Habt ihr mir nicht erklärt, daß mich letzte Nacht die Kerze erwärmt hat, die in hundert Meter Entfernung brannte? Dann wird sie doch wohl auch das Essen in einem Topf erwärmen können, der nur wenige Zentimeter über ihr steht."

## 184. Interpretation

Es hatte in diesem Landstrich lange nicht geregnet, und die Bauern fürchteten um ihre Ernte. Bei Bittgottesdiensten hatte der Pfarrer erklärt, daß der Regen eine Gnade Gottes sei, von der alle Menschen abhängig seien.

Der Bauer Malte war als der Querkopf der Gemeinde bekannt und hatte den Pfarrer in aller Deutlichkeit wissen lassen, was er von der Gnade des Regens hielt.

Doch der Regen kam. Zwar spät im Jahr, aber gerade noch rechtzeitig, um die Ernte zu retten. Der Pfarrer saß auf der überdachten Veranda vor dem Pfarrhaus, als der Himmel seine Schleusen öffnete und die Schwüle der letzten Wochen endlich weichen mußte. Da sah er den Bauern Malte durch den Regen nach Hause rennen.

„He, Malte, was hast du es so eilig? Du weißt doch, daß der Regen Gottes eine Gnade ist. Und vor der Gnade Gottes wirst du doch nicht davonlaufen?" rief er dem Bauern zu.

Malte spürte genau, daß der Pfarrer seinen Scherz mit ihm trieb, aber er wollte sich keine Blöße geben und ging nun bedächtig weiter. Völlig durchnäßt kam er zu Hause an und wußte nicht, ob lachen oder sich ärgern sollte.

Mit kurzen Unterbrechungen regnete es tagelang. Gerade goß es wieder heftig, als Malte den Pfarrer die Straße hinuntereilen sah. Da riß der Bauer das Fenster auf und rief:

„Das ist ja eine Schande, mitansehen zu müssen, wie selbst unser Pfarrer vor der Gnade Gottes davonläuft!"

Der Pfarrer aber eilte unbeirrt weiter und rief:

„Nein, Malte! Im Gegenteil: Ich versuche, die Gnade Gottes nicht mit Füßen zu treten!"

## 185. Mehr Leistung

Ein Bauer hatte sein Angebot auf dem Markt schon bald verkauft und schlenderte von Stand zu Stand, um sich die anderen Waren anzusehen und hier und da ein Schwätzchen zu halten. Bei einem Vogelhändler blieb er stehen und bestaunte das bunte Gefieder der kleinen Tiere. Ein seltsamer Vogel gefiel ihm besonders gut, und er erkundigte sich, was der kosten solle.

„Du erkennst das Besondere auf einen Blick", meinte der Händler. „Dieser Vogel hier kostet sechzig Goldstücke."

„Wie bitte? Habe ich richtig gehört – sechzig Goldstücke? Soviel verdiene ich vielleicht in einem Jahr. Und auch nur dann, wenn die Ernte besonders gut war. Was soll denn so toll an dem Vogel sein, daß du es wagst, einen solchen Preis zu verlangen?"

„Nun das ist ein wirklich seltenes Exemplar. Dieser Vogel kann nämlich wie ein Mensch sprechen."

„Ja, wenn das so ist", sagte der Bauer und schüttelte bedächtig den Kopf. „Ich kann ihn mir aber trotzdem nicht leisten."

Der Bauer eilte nach Hause und war eine Stunde später wieder auf dem Markt. Direkt neben dem Vogelhändler bot er nun einen prächtigen Truthahn zum Kaufe an.

„Einen schönen Truthahn hast du da. Wieviel willst du denn für den Vogel haben?" erkundigte sich der Nachbar.

„Hundertachtzig Goldstücke!"

Da lachte der Vogelhändler schallend und konnte sich gar nicht beruhigen. Einige Leute waren aufmerksam geworden und wollten wissen, was denn Lustiges geschehen sei.

„Mann, bist du von Sinnen? Hundertachtzig Goldstücke für einen Truthahn?"

„Ich weiß gar nicht, was es da zu lachen gibt. Wenn für den bunten Vogel dort sechzig Goldstücke verlangt werden, lacht doch auch keiner. Und mein Vogel ist mindestens dreimal so groß", rechtfertigte sich der Bauer.

„Ja, verstehst du denn nicht, was den Vogel so wertvoll macht? Das ist schließlich ein Papagei, und der spricht!"

„Doch, doch!" wehrte der Bauer ab. „Ich habe schon verstanden. Aber ihr habt es noch nicht kapiert. Mein Vogel ist nicht nur dreimal so groß, mein Vogel denkt!"

## 186. Logisch

Ein Mann wachte nachts aus dem Schlaf auf und wunderte sich, daß es im ganzen Hause absolut ruhig war. Leise stand er auf und schlich zum Fenster. Er öffnete es vorsichtig, lehnte sich hinaus und schrie aus Leibeskräften: „Zu Hilfe! Diebe! Diebe!"

Überall in der Nachbarschaft flammten die Lichter auf, und schon kamen kräftige Männer gelaufen, mit Knüppeln und Stricken in der Hand, um die Diebe zu fassen.

Sie gingen durch das ganze Haus, fanden jedoch niemanden, außer den verschreckten Nachbarn.

„Was ist denn bloß geschehen, das dich so in Panik versetzt? Hier ist doch niemand. Und es scheint auch nichts gestohlen zu sein."

„Als bei meinem Schwager eingebrochen worden war", erklärte der Mann, „haben die Diebe alles weggeschleppt, und er hatte kein einziges Geräusch gehört. Er hat mir gesagt, daß geschickte Diebe vollkommen lautlos arbeiten. Und als ich vorhin erwachte und nicht ein einziges Geräusch vernahm, war für mich klar, daß Diebe im Haus waren."

## *187. Zuvorkommend*

Der reichste Bauer hatte zur Hochzeit seines Sohnes das ganze Dorf geladen, und zum Festschmaus strömten alle herbei. Die Tische bogen sich unter den gebotenen Köstlichkeiten.

Der Bauer bat die Gäste, sich zu setzten und herzhaft zuzulangen.

Ein Mann ließ sich das nicht zweimal sagen. Er lud sich den Teller voll, und während er noch mit vollen Backen kaute, griffen seine Hände schon nach weiteren Leckerbissen, die er sich in die Jackentaschen stopfte.

Seinem Nachbarn war dieses Verhalten sichtlich unangenehm. Er rückte von ihm weg und wandte sich von dem Gierhals ab, der das nicht zu bemerken schien.

Der Nachbar sann auf Abhilfe, doch war ihm klar, daß mit dem Manne nicht zu reden sei. Er füllte einen Bierkrug bis zum Rand und goß das Bier dem Freßsack in die vollen Taschen.

Wütend sprang der Gierhals auf und schimpfte:

„Was fällt dir denn ein? So eine Unverschämtheit! Mich mit Bier zu begießen!"

„Oh, Verzeihung! Ich wollte dir nur einen Gefallen tun. Da ich sah, daß deine Taschen so großen Hunger haben, dachte ich, sie müssen auch durstig sein."

## 188. Versperrt

Wegen einer großen Steuerschuld wurde ein Kaufmann vor den obersten Richter gebracht.

„Wenn du nicht sogleich deine geheimen Schätze offenbarst und deine Schulden gegen unseren Fürsten bezahlst, dann wird es dir übel ergehen!" drohte der Richter.

„Herr, ich bin ein armer Mann, ich habe keine verborgenen Reichtümer", sagte der Händler. „Jeden Gewinn habe ich sogleich wieder ins Geschäft gesteckt und vor zwei Jahren alles verloren, als die Schiffe mit meinem Handelsgut im Sturm untergingen."

„Wenn du nicht zahlen kannst, dann geh uns aus den Augen und liege dem König nicht länger auf der Tasche."

„Und wohin soll ich mich wenden, um deiner Anklage zu entgehen?"

„Geh nach Norden oder nach Süden, das ist mir egal, verschwinde einfach aus meinem Bezirk."

„Aber im Norden ist dein ältester Sohn Richter, im Süden dein mittlerer Sohn Polizeihauptmann, im Osten ist dein Schwiegervater Innenminister, und im Westen ist dein Schwager Befehlshaber der Garde. Sie alle werden mir nachstellen, sobald sie erfahren, daß du mich ausgewiesen hast."

„Dann gehe meinetwegen zum König höchstpersönlich, um dich über mich zu beschweren!"

„Aber dort würde man mich nie empfangen, denn schließlich ist dein Onkel der Oberhofmeister des Königs."

„Dann geh' doch zur Hölle, Kerl!"

„Und dein guter Vater? Hast du ihn schon vergessen, da er doch erst vor drei Wochen gestorben ist?"

## 189. Lebenswichtig

Ein Fährmann ruderte einen pedantischen Gelehrten über die rauhe See. Es stürmte mächtig, und die Wellen gingen immer höher.

„Wir sollten besser an dem anderen Ufer zurückkehren!" rief der Fährmann.

„Es heißt richtig: an das andere Ufer. Haben Sie denn nie Grammatik studiert?"

„Nein. Hatte keine Gelegenheit."

„Dann ist ja die Hälfte Ihres Lebens verschwendet!"

Der Fährmann biß die Zähne zusammen und ruderte weiter. Nach einiger Zeit rief er durch das Tosen:

„Haben Sie schwimmen gelernt?"

„Nein."

„Dann ist Ihr ganzes Leben verschwendet. Wir sinken nämlich!"

## 190. Erlebnis

Ein König liebte die Jagd. Aber er mochte auch seinen ersten Minister, den er gerne in seiner Nähe hatte. Einmal sagte er ihm, daß er sich für die Bärenjagd rüsten solle, denn er solle ihn am nächsten Tag begleiten. Der Minister wollte sich diplomatisch herausreden, denn Jagen waren seine Sache nicht, und Bären ging man seiner Meinung nach besser in weitem Bogen aus dem Weg, statt ihnen nachzustellen. Doch der König ließ keine Entschuldigung gelten, und so fügte sich der Minister in sein Schicksal.

Am Abend kehrte die Jagdgesellschaft müde und erschöpft zurück. Völlig entkräftet stieg der Minister vom Pferd, und der Stallmeister fragte ihn, wie die Jagd denn gewesen sei.

„Phantastisch", seufzte der Minister.

„Wie vielen Bären seid ihr denn begegnet?"

„Keinem einzigen."

„Wie kann die Jagd dann phantastisch gewesen sein, wenn ihr keine Bären zu sehen bekommen habt?"

„Für einen wie mich ist es eine phantastische Erfahrung, keinem Bären zu begegnen!"

## *191. Dankbarkeit*

*E*in Mann ging im Park spazieren. Er erfreute sich an dem hellen Sonnenlicht, den bunten Blumen, den fröhlichen Kindern und an den Enten auf dem See.

Da rutsche er auf einer Bananenschale aus, taumelte gefährlich und wäre um ein Haar in den See gestürzt – wenn ihn nicht ihm letzten Augenblick ein Passant gerettet hätte.

In der kleinen Stadt, in der sie lebten, blieb es nicht aus, daß der Gerettete seinem Retter ziemlich häufig begegnete. Und natürlich fiel dem Mann jedesmal die mißliche Situation ein, aus der er von diesem Manne befreit worden war.

Lange hielt der Mann das nicht aus. Eines Tages wurde es ihm zuviel. Er führte seinen Retter zum See, ging ins Wasser, tauchte kurz unter und rief:

„Jetzt bin ich so naß, wie ich naß geworden wäre, wenn du mich nicht gerettet hättest. Und jetzt laß mich endlich in Frieden!"

## 192. Durchdrungen

Zwei Wanderer gingen eine staubige Straße entlang und wurden sehr durstig. Sie beschlossen, in einem Rasthaus etwas zu trinken, mußten jedoch feststellen, daß ihre gemeinsame Barschaft nur für ein Glas Milch reichte.

„Trink du deine Hälfte zuerst", bot einer seinem Freund an. „Ich habe noch eine Prise Zucker, die ich in meinen Teil geben werde."

„Tue den Zucker doch jetzt hinein, dann haben wir beide etwas davon."

„Nein, der Zucker reicht nicht für das ganze Glas Milch."

Da ging der Wanderer in die Küche und brachte einen Salzstreuer mit.

„Ich habe meine Hälfte der Milch mit etwas Salz verfeinert. Aber keine Sorge, es ist noch genug für deine Hälfte da."

## 193. Vorwurf

Im tiefen Winter hatte der Meister sich in die stille, verschneite Einsamkeit der Berge zurückgezogen, um zu meditieren. Eines Tages kam ein junger Mann durch den Schnee gestapft, der den Meister bitten wollte, ihn als Schüler anzunehmen. Endlich erreichte er nach vielen Mühen die einfache Hütte, die hoch oben am Berge in einem windgeschützten Winkel stand.

Der junge Mann wußte, daß alles, was so ein erleuchteter Lehrer wie der Meister tat, für ihn als Schüler von großer Bedeutung sein konnte. Deshalb beobachtete er genau, wie der Meister sich verhielt.

Der stand einfach da und pustete sich in die Hände. Was er denn da mache, fragte ihn der Schüler.

„Ich blase in die Hände, um sie ein wenig zu wärmen, weil sie zu kalt sind", erklärte der Meister. „Aber komme bitte herein, drinnen ist es ein wenig wärmer."

In der Hütte bat der Meister den jungen Mann, sich zu setzen. Dann schenkte er zwei Schalen mit heißer Suppe ein und reichte eine seinem Gast. Der beobachtete genau, wie der Meister seine Schale in beide Hände nahm, sie zum Mund führte und dann auf seine Suppe blies.

Warum er das denn mache, wollte der Gast wissen, und der Meister sagte:

„Natürlich um meine Suppe ein wenig zu kühlen."

Da sprang der junge Mann entsetzt aus der Hütte und rief:

„Du Scharlatan! Einem wie dir ist nicht zu trauen!"

## 194. Prinzip

An einem grauen Herbsttag bestieg ein Steuereintreiber zusammen mit anderen Reisenden ein großes Boot, welches sie ans andere Seeufer tragen sollte. Kaum sahen sie das Ufer entschwinden, da erhob sich ein schwerer Sturm. Das Boot schaukelte so stark, daß alle ins Wasser stürzten. Nur der Fährmann konnte sich an Bord halten. Zum Glück legte sich der Sturm so schnell, wie er aufgekommen war, und dank gegenseitiger Hilfe konnten alsbald alle Reisenden gerettet werden.

Nur der Steuereintreiber ertrank. Von ihm blieb allein sein Mantel in den Händen der Retter zurück.

Man beeilte sich, der Frau des Steuereintreibers die traurige Nachricht zu überbringen.

„Wie konnte das nur geschehen?" rief die verzweifelte Witwe. „Alle gerettet, nur mein armer Mann nicht!"

„Wir haben wirklich alles versucht! Wir waren mit dem Boot ganz nahe bei ihm. Vier Männer knieten im Boot und streckten ihre Hände nach ihm aus. ‚Gib uns deine Hand! Gib uns deine Hand!' riefen wir immer wieder. Ganz sicher hat er uns gesehen und auch gehört. Denn wir konnten ja seinen Mantel ergreifen. Seine Hand jedoch hat er uns nicht gegeben."

„Ach, ihr Unglückseligen", klagte die Witwe, „ihr habt einen großen Fehler gemacht, wenn ihr von ihm verlangt habt, euch seine Hand zu geben. Ihr hättet rufen müssen: ‚Nimm unsere Hände! Nimm unsere Hände!' Denn die Steuereintreiber nehmen nur – aber sie geben nie!"

## 195. Flexibel

Ein Gastgeber hatte zu Tische geladen, auf dem bereits Schalen und Schüsseln erlesene Köstlichkeiten darboten. Ein Gast verlangte jedoch nach Käse.

„Warum willst du ausgerechnet Käse essen, wenn hier vielerlei Gaumenfreuden für dich bereitstehen?" erkundigte sich der Gastgeber.

Der Gast erwiderte:

„Käse vor dem Essen dem Hunger dien'.

Und nach dem Essen als Medizin."

Ein anderer konterte mit dem Spruch:

„Der Käse die Zähne verdirbt.

Und durch ihn das Gedächtnis erstirbt."

„Nun haben wir einen Lobspruch und eine Schmährede auf den Käse gehört", sagte der Gastgeber. „Aber an welche sollen wir uns halten?"

„Meiner bescheidenen Meinung nach, an die erste", sagte ein anderer Gast, „ wenn Käse da ist. An die zweite, wenn keiner da ist."

## 196. Natürlicher Schwund

Durch Zufall erfuhr der Finanzminister, daß weniger Geld in die Kasse gelangte, als die Schuldner angeblich gezahlt hatten. Das konnte nur bedeuten, daß einer oder mehrere Mitarbeiter seines Amtes sich bestechen ließen.

„Wie könnt ihr es wagen, eueren Eid zu vergessen und das Ansehen des Ministeriums durch Korruption und Bestechlichkeit in Verruf zu bringen?" herrschte er die Mitarbeiter an.

„Das ist eine infame Lüge, die nur der politische Gegner angezettelt haben kann. Hier ist nichts Ungesetzliches geschehen. Es hat alles seine Ordnung und liegt einzig und allein in der Natur der Sache begründet", verteidigten sich die Angestellten vehement.

Der Minister räumte den Mitarbeitern die Möglichkeit ein, ihre Unschuld zu beweisen. Zur festgesetzten Stunde versammelten sie sich im großen Konferenzsaal. Der Finanzminister hatte den Vorsitz übernommen. Alle Anwesenden waren gespannt, wie die Abteilungsleiter die schlimmen Anschuldigungen entkräften wollten.

Auf ein Zeichen hin öffnete sich die Türe am anderen Ende des Saales, und ein Mann erschien, der einen riesengroßen Klumpen Butter in beiden Händen hielt. Den gab er den ihm am nächsten stehenden Mann, der ihn seinem Nachbarn gab. So wurde der Butterklumpen quer durch den ganzen Saal von einer Person zur anderen gereicht. Auf seinem langen Weg wurde der Klumpen zusehends kleiner. Schon ließ sich erahnen, daß am Ende seiner Reise von ihm kaum noch etwas übrig bleiben würde. Schließlich wurde dem Minister ein nur noch nußgroßes Stückchen übergeben.

„Wie Sie selbst sehen konnten, Herr Minister", sagte der älteste Abteilungsleiter, „wurde die Butter von ehrlichen Angestellten betreut, und sie ist doch auf einen Bruchteil ihrer anfänglichen Größe geschmolzen. Niemand hat etwas gestohlen, aber es blieb leider soviel an den Fingern kleben."

## 197. Sangeslust

Ein großer Gelehrter, der beim Hofe als Ratgeber sehr angesehen war, hatte einen Schuster als Nachbar, der den ganzen Tag über fleißig arbeitete. Durch das offene Fenster seiner Werkstatt erschallte sein Gesang, denn der Schuster hatte eine schöne Stimme, und er liebte es, aus vollem Herzen zu singen. Abends, nach getaner Arbeit und mit Hilfe eines Fläschchen Weins, wurde seine Stimme noch lieblicher und gefühlvoller.

Bis auf wenige Nachtstunden war der Gelehrte jeden Tag des Schusters unfreiwilliger Zuhörer. Der unaufhörliche Gesang lenkte ihn von seinen Studien ab.

Auf wiederholte Bitten, nicht mehr zu singen, reagierte der Schuster immer herzlich und bat um Verzeihung, aber seine Lebensfreude müsse sich einfach ab und zu äußern, und er singe eben gerne.

Doch er wolle daran denken, daß er seinen Nachbarn störe, und gelobte Besserung. Ungefähr eine Stunde später allerdings sang er wieder.

Da wußte sich der Gelehrte nicht mehr anders zu helfen, machte seinen Einfluß geltend, und eines Nachts holte die Polizei den Schuster ab und brachte ihn wegen nächtlicher Ruhestörung ins Gefängnis.

Zwei Tage später reute den Gelehrten sein strenges Vorgehen, und er machte wiederum seinen Einfluß geltend, um den Schuster aus dem Gefängnis freizubekommen. Im stillen hoffte er, daß der Schuster nach dem Aufenthalt im Gefängnis nun etwas rücksichtsvoller sein werde. Er holte ihn am Gefängnistor ab.

„Nun wird dir das Singen bei der Arbeit und in der Nacht wohl vergangen sein, lieber Nachbar", erkundigte sich der Gelehrte.

„Ja warum denn?" fragte der Schuster. „Wenn du das von mir erwartest, hättest du mich zum Singen besser im Gefängnis gelassen, als mir in Freiheit das Singen verbieten zu wollen."

## *198. Willkommen*

*E*in Reisender erzählte, daß er eines Tages in der Wüste zu einem Beduinenlager gekommen war. Die Männer waren alle fortgeritten, und nur die Frauen und Mädchen waren in den Zelten.

„Als sie mich von weitem nahen sahen, eilten sie mir entgegen, nahmen die Zügel meines Kamels und halfen mir aus dem Sattel. Sie nahmen dem Tier Sattel und Zaumzeug ab, gaben ihm zu fressen und pflegten es.

Auch ich wurde drei Tage lang in aller Freundlichkeit bewirtet. Ich fühlte mich wohl und ausgeruht, als ich am vierten Tag weiterreisen wollte. Doch niemand fand sich, der mir das Kamel zuführte oder mir beim Satteln half.

Ich äußerte mich verwundert über ihre Unaufmerksamkeit, und eines der Mädchen antwortet mir:

‚Es ist uns eine Ehre, den Gast, der zu uns kommt, freundlich aufzunehmen. Doch ist es für uns eine Schande, ihm die Abreise zu erleichtern.'"

## *199. Selbstsicher*

Aus einer Schmiede fuhr ein Wagen, beladen mit neuen, eisernen Äxten, durch den nahegelegenen Wald. Der scharfe, blanke Stahl glänzte im Sonnenlicht, und die Bäume erzitterten bei diesem Anblick.

„Wehe uns! Ihnen kann niemand widerstehen! Diese Eisen fällen uns alle!" so raunten und klagten ihre Blätter.

„Habt keine Angst!" rief ihnen eine alte Eiche zu. „So lange keiner von euch diesen Äxten Stiele gibt, braucht ihr ihre Schärfe nicht zu fürchten!"

## 200. Wunder

Es war an einem Tag im vorigen Jahrhundert, als an der Theologischen Fakultät der berühmten Universität von Oxford die Examensarbeiten geschrieben wurden. Den Studenten war die Aufgabe vorgelegt worden, die religiöse und spirituelle Bedeutung des Wunders bei der Hochzeit von Kanaa darzulegen, als Jesus Wasser in Wein verwandelte.

Vier Stunden sollte die Klausur dauern, und die Studenten waren eifrig bemüht, die leeren Seiten mit tiefschürfenden Gedanken zu füllen, mit denen sie ihr Wissen und ihre Erkenntnisse belegen wollten.

Nur ein Student saß sinnend da und hatte die ganze Zeit nicht ein Wort zu Papier gebracht. Der Assistent, der die Aufsicht führte, kam kurz vor dem Schlußtermin zu ihm und bestand flüsternd darauf, daß er etwas zu Papier bringe, bevor er es abgebe.

Der junge Lord Byron beugte sich über das leere Blatt und schrieb die eine Zeile:

„Das Wasser erkannte seinen Meister – und errötete."

## 201. Überbrücken

Die Schüler diskutierten, was nötig ist, um die Entfernung zwischen zwei Menschen zu überbrücken.

„Wenn man miteinander an einem Tisch sitzt, ißt und trinkt, dann kommt man sich näher", sagte ein Schüler.

„Wenn man miteinander singt", schlug jemand vor.

„Eine freundliche Geste ist hilfreich", sagte ein Dritter.

„Es geht noch leichter", sagte der Meister. „Ein Lächeln genügt."

# Weisheitsgeschichten

Norbert Lechleitner
**Oasen für die Seele**
*100 überraschende
Weisheitsgeschichten,
die jeden Tag ein wenig
leichter machen*
ISBN 978-3-451-29007-7

Norbert Lechleitner
**Flügel für die Seele**
*100 überraschende
Weisheitsgeschichten,
die jeden Tag ein wenig
beschwingter machen*
ISBN 978-3-451-27832-7

# HERDER

# Was zählt, was trägt, was bleibt...

Fabian Bergmann (Hg.)
**In jeder Wolke wohnt ein Traum**
*Aus den Quellen der Weisheit*
ISBN 978-3-451-29488-4

Christian Leven (Hg.)
**Das Leben ist eine Symphonie**
*Aus den Quellen der Weisheit*
ISBN 978-3-451-29489-1

Christian Leven (Hg.)
**Wahres Glück wächst in der Stille**
*Aus den Quellen der Weisheit*
ISBN 978-3-451-29490-7

Christian Leven (Hg.)
**Schläft ein Lied in allen Dingen**
*Aus den Quellen der Weisheit*
ISBN 978-3-451-29491-4

Alle Bände 160 Seiten,
gebunden mit Leseband.

**HERDER**

# Perlen der Lebensweisheit

**Heute glücklich sein**
ISBN 9783-451-29016-9

**Heute das Leben genießen**
ISBN 9783-451-29017-6

**Heute optimistisch sein**
ISBN 9783-451-29018-3

**Heute gelassen sein**
ISBN 9783-451-29019-0

**Heute sich etwas Gutes tun**
ISBN 9783-451-29164-7

**Heute seinen Weg gehen**
ISBN 9783-451-29142-5

**Heute glücklich sein**
ISBN 9783-451-29016-9

222 positive Gedanken,
herausgegeben von Fabian Bergmann,
160 Seiten, gebunden mit Leseband.

**HERDER**